Disciplinas
BÍBLICAS

Disciplinas
BÍBLICAS

*Desenvolvendo um caráter
centrado em Deus*

Oswald Chambers

Originally published in English under the title
Christian Disciplines
Copyright ©1936 by Oswald Chambers Publications Association
©1995 Second edition by Oswald Chambers Publications Association Limited
Abridged and updated language edition
©2013 by Oswald Chambers Publications Association Limited
Discovery House Publishers P.O. Box 3566,
Grand Rapids, MI 49501, USA. All rights reserved

Coordenação editorial: Adolfo A. Hickmann
Tradução: Cláudio F. Chagas
Revisão: Dalila de Assis, Lozane Winter, Marília Pessanha Lara
Coordenação gráfica e capa: Audrey Novac Ribeiro
Diagramação: Audrey Novac Ribeiro

Dados internacionais de Catalogação na Publicação (CIP)

CHAMBERS, Oswald (1874-1917)	
Disciplinas bíblicas — Desenvolvendo um caráter centrado em Deus	
Tradução: Cláudio F. Chagas – Curitiba/PR, Publicações Pão Diário	
Título original: *Christian Disciplines*	
1. Vida cristã	3. Estudo bíblico
2. Cristianismo	4. Disciplinas bíblicas

Proibida a reprodução total ou parcial, sem prévia autorização, por escrito, da editora. Todos os direitos reservados e protegidos pela Lei 9.610 de 19/02/1998.

Exceto se indicado o contrário, as citações bíblicas são extraídas da edição Nova Almeida Atualizada de João Ferreira de Almeida © 2017, Sociedade Bíblica do Brasil.

Publicações Pão Diário
Caixa Postal 4190,
82501-970 Curitiba/PR, Brasil
publicacoes@paodiario.org
www.publicacoespaodiario.com.br
Telefone: (41) 3257-4028

Código: ZW685
SBN: 978-65-5350-268-0

1.ª edição: 2023

Impresso na China

SUMÁRIO

Prefácio do editor 7

1. A disciplina da orientação divina 9

2. A disciplina do sofrimento 41

3. A disciplina do perigo 67

4. A disciplina da oração 101

5. A disciplina da solidão 137

6. A disciplina da paciência 171

Prefácio do editor

VIVEMOS EM uma época de "espíritos livres" e de individualismo, na qual a gratificação imediata é uma marca registrada, e um estilo de vida disciplinado é descartado por ser considerado desatualizado, exigente e desnecessário — um regime reservado para quem não tem instrução e esclarecimento. Contudo, até mesmo as pessoas de espírito mais livre entre nós têm de enfrentar a realidade de dificuldades, dor e sofrimento. Mais cedo ou mais tarde, esse lado da vida nos encontra, e somos forçados a perguntar: "Por quê?"; "Qual o propósito disso?".

Oswald Chambers responde: "A razão pela qual todos nós estamos sendo disciplinados é para sabermos que Deus é real". Essas são palavras profundas.

No início do século 21, acreditamos que cristãos comprometidos precisam de uma nova introdução às disciplinas usadas por Deus para moldar o Seu povo, como expresso nas palavras de Oswald Chambers, um dos mestres de ensino bíblico mais profundos do século 20. Precisamos entender o propósito de Deus em permitir sofrimento e dificuldades, consentir com solidão e provação, exigir oração e paciência e fornecer orientação quando nosso caminho parece traiçoeiro e desconhecido. Tais disciplinas são a maneira de Deus nos moldar, de capturar a nossa atenção para que nos centremos nele e não em nós mesmos. Elas são os meios do Senhor para que o conheçamos.

Estes estudos foram originalmente ministrados por Oswald Chambers como palestras e, posteriormente, publicados como artigos e panfletos individuais durante os anos de 1907 a 1915. Após a morte de Chambers em 1917, sua viúva, Biddy, continuou a publicá-los como livretos individuais até serem combinados, em 1965, em um livro de dois volumes. Esta edição é uma versão condensada do texto original, recém-editada com linguagem atualizada.*

---

*O texto original completo de *Christian Disciplines* (Disciplinas cristãs) está disponível na obra *The Complete Works of Oswald Chambers* (As obras completas da Oswald Chambers), publicada pela Discovery House Publishers, EUA, 2013.

Capítulo 1

A DISCIPLINA DA ORIENTAÇÃO DIVINA

Deus não é um interferente sobrenatural. Deus é o eterno sustentador e preservador de Seu povo.

Quando uma pessoa "nascida do alto" começa sua nova vida, encontra Deus em cada passo, ouve-o em cada som, dorme aos Seus pés e, ao acordar, encontra-o ali. Tal pessoa é uma nova criatura em uma nova criação, com a tribulação desenvolvendo seu poder de conhecer a Deus, até que, em alguma manhã de transfiguração, ela se encontra totalmente santificada por Ele, uma "peregrina da eternidade", disposta a fazer uma obra para Deus entre os homens.

Ela sai em sua peregrinação, uma pessoa da qual qualquer outra poderia tirar proveito, mas nenhuma se atreve a tal coisa. Sua simplicidade pueril atiça o ridículo da sociedade, mas uma parede de fogo a cerca. Os astutos podem rir da facilidade com que pensam poder usá-la para os seus próprios fins. Porém, são apanhados em sua própria armadilha, e sua sabedoria se transforma em tristeza e loucura. Essa pessoa se torna um espetáculo para homens e anjos. Nada consegue assustá-la, nada a amedronta, nada a desvia. Ela pode ser tentada por zombarias e flagelos cruéis, por amarras e prisões; pode ser apedrejada ou serrada ao meio, tentada ou morta à espada. Pode vagar vestida com peles de ovelhas e de cabras. Pode ser destituída, aflita, atormentada. Pode fazer sua morada em desertos e montanhas, em covis e cavernas da Terra. Porém, sempre, por algum misterioso toque místico, sabemos que ela é alguém da qual "o mundo não era digno..." (HEBREUS 11:38). Todo o Céu, a Terra e o inferno estão "bem [certos] de que nem a morte, nem a vida, nem os anjos, nem os principados, nem as coisas do presente, nem do porvir, nem os poderes, nem a altura, nem a profundidade, nem qualquer outra criatura poderá nos separar do amor de Deus, que está em Cristo Jesus, nosso Senhor" (ROMANOS 8:38-39).

A mente pueril é a única mente à qual Deus pode apelar, e o nosso Senhor foi mais profundo do que a mais profunda filosofia no incidente registrado em Marcos: "Trazendo uma criança, colocou-a no meio deles e, tomando-a nos braços, disse-lhes: — Quem receber uma criança, tal como esta, em meu nome, recebe a mim; e quem receber a mim, não é a mim que recebe, mas aquele que me enviou" (9:36-37).

Assim que fechamos a nossa mente para qualquer coisa que não seja nossa própria experiência, limitamos Deus; e, fechando a nossa mente, limitamos o nosso crescimento e a possibilidade de avançar sob orientação divina. O coração da criança está aberto a toda e qualquer via de comunicação;

um anjo não a surpreenderia mais do que uma pessoa. Em sonhos, em visão, de maneiras visíveis e invisíveis, Deus pode falar e revelar-se a uma criança. Porém, essa via profunda, mas simples, é perdida para sempre assim que abandonamos a receptiva natureza pueril.

Por todos os padrões conhecidos, exceto um, o Deus da Bíblia é uma confusa contradição de si mesmo. O Deus que fez ser escrito: "Não mate" (ÊXODO 20:13), ordenou a Abraão: "— Pegue o seu único filho, Isaque, a quem você ama [...], ofereça-o em holocausto" (GÊNESIS 22:2). O Deus que disse: "Não cometa adultério" (ÊXODO 20:14), ordenou a Seu servo Oseias que se casasse com uma prostituta (OSEIAS 1:2).

O próprio Jesus Cristo apresenta um dilema semelhante segundo todos os padrões, exceto um. Ele diz aos setenta: "Eis que eu dei a vocês autoridade para pisarem cobras e escorpiões e sobre todo o poder do inimigo, e nada, absolutamente, lhes causará dano" (LUCAS 10:19). Ele afirma aos Seus discípulos: "Eles expulsarão vocês das sinagogas, e até chegará a hora em que todo aquele que os matar pensará que, com isso, está prestando culto a Deus" (JOÃO 16:2). E o apóstolo Paulo, que disse ter "a mente de Cristo", escreveu aos coríntios: "Por que não preferem sofrer a injustiça? Por que não preferem ficar com o prejuízo?" (1 CORÍNTIOS 6:7); contudo, ao ser julgado, ele mesmo proferiu: "...Apelo para César" (ATOS 25:11).

O próprio Deus, nosso Senhor Jesus Cristo e os santos são exemplos de contradição julgada por todos os padrões, exceto um: especificamente, o padrão de responsabilidade pessoal perante Deus com base no caráter pessoal.

Em tempos de provação, os santos poderão decidir de maneira diferente. Porém, podem todas essas diferentes decisões estar corretas? Inquestionavelmente, podem, visto que as decisões são tomadas com base no caráter pessoal quanto à sua responsabilidade para com Deus. O erro do santo está em dizer: "Pelo fato de eu decidir assim nesta crise, essa é a regra para todas". Absurdo! Nenhum santo sabe o que fará em circunstâncias em que nunca esteve. "O que eu realmente quero é que vocês fiquem livres de preocupações..." (1 CORÍNTIOS 7:32), diz o apóstolo Paulo. Nós somos criaturas de vastas possibilidades entrelaçadas em formas únicas pela personalidade soberana de Deus.

Vozes sobrenaturais, sonhos, êxtases e visões podem, ou não, ser uma indicação da vontade de Deus. As palavras das Escrituras, o conselho dos santos, fortes impressões durante a oração podem, ou não, ser uma indicação da vontade de Deus. O único teste indicado na Bíblia é o discernimento de um Deus pessoal e um relacionamento pessoal com Ele, testemunhado para sempre em caminhadas e conversações.

Uma notável linha de demarcação discernível entre a orientação de Deus e todas as outras orientações "sobrenaturais" é que todas as outras orientações perdem de vista a personalidade humana e a personalidade divina, desfalecendo ao final em absoluto nada. Em todo estágio de orientação divina registrado na Bíblia, esses dois elementos se tornam ainda mais claros: Deus e eu. A declaração mais intensa disso foi feita pelo nosso Senhor quando disse: "O principal é: 'Escute, ó Israel, o Senhor, nosso Deus, é o único Senhor! Ame o Senhor, seu Deus, de todo o seu coração, de toda a sua alma, de todo o seu entendimento e com toda a sua força'. O segundo é: 'Ame o seu próximo como você ama a si mesmo'. Não há outro mandamento maior do que estes" (MARCOS 12:29-31).

A verdade eterna é que Deus me criou distintamente não para ser Ele, mas para expressá-lo em perfeito amor. Se eu permitir que Deus me ensine a andar em Sua vontade, permitirei também ao meu próximo (a quem amo como a mim mesmo) a mesma certeza, embora o caminho dele possa parecer muito diferente. Como disse Jesus: "...o que você tem com isso? Quanto a você, siga-me" (JOÃO 21:22).

Quando religiões, filosofias e filologias tentam definir Deus, todas afundam no vazio e morrem, enquanto as declarações bíblicas permanecem como monumentos eternos, envoltos em inefável glória: "Deus é luz" (VEJA 1 JOÃO 1:5); "Deus é amor" (VEJA 1 JOÃO 4:8); "Deus é santo" (VEJA SALMO 22:3). Toda tentativa de definir Deus além dessas sublimes inspirações nega Deus e apresenta nossas próprias concepções humanas, sem jamais ter um vislumbre do Deus vivo. Quando as lisonjas, os elogios, os entusiasmos e as extravagâncias referentes a Jesus Cristo se tornam sentimentos entesourados em poesia, música e eloquência, eles passam fugazes como a névoa, por um breve momento coloridos por esplendores refletidos do Filho de Deus. Em contraste, as palavras do nosso Senhor vêm com o sublime poder de permanência da simples ternura de Deus: "Eu sou o caminho, a verdade e a vida..." (JOÃO 14:6). Quando a arte fixa seus ideais, a contemplação enclausura suas almas mais seletas, e a devoção traça seus trêmulos registros, estremecendo com a insuportável pungência do martírio, percebemos que nenhuma delas retrata o santo. Novamente, a rigorosa adequação das Escrituras, não desviada por mágoas, pesares ou tristezas da Terra, ainda é o verdadeiro retrato do santo: salvo, santificado e enviado.

Quando somos silenciados por considerações semelhantes a essas é que podemos contemplar o coração pueril aninhado nos braços de Deus, brincando no caminho do Senhor Jesus Cristo ou apressando-se, com pés dispostos, em direção a almas que perecem no deserto. Somente assim — com o coração castigado, disciplinado e aquietado — é que sussurramos diante de Seu trono: "Eu te conhecia só de ouvir, mas agora os meus olhos te veem. Por isso, me abomino e me arrependo no pó e na cinza" (JÓ 42:5-6).

> *Moisés disse ao* SENHOR: *— Eis que me dizes para conduzir este povo, mas não me disseste quem enviarás comigo. Disseste: "Eu conheço você pelo nome e você alcançou favor diante de mim".*
> *Agora, se alcancei favor diante de ti, peço que me faças saber neste momento o teu caminho, para que eu te conheça e obtenha favor diante de ti; e lembra-te que esta nação é teu povo. Deus respondeu: — A minha presença irá com você, e eu lhe darei descanso.* ÊXODO 33:12-14

Orientação divina pelas palavras de Deus

Quão frequentemente lemos na Bíblia palavras como: "O SENHOR disse a Abrão..." (GÊNESIS 12:1), "a palavra do SENHOR veio expressamente a Ezequiel..." (EZEQUIEL 1:3) e

"Todo aquele, pois, que ouve estas minhas palavras e as pratica será comparado a um homem prudente que construiu a sua casa sobre a rocha" (MATEUS 7:24).

O que é a Palavra de Deus? Onde estão as palavras de Deus? A resposta é prontamente dada: "A Bíblia é a Palavra de Deus". Entretanto, é preciso perguntarmos novamente, visto que todos nós conhecemos defensores da Bíblia como a Palavra de Deus a quem devemos hesitar em chamar de santos. Consequentemente, a resposta é concedida com mais cautela: "A Bíblia contém a Palavra de Deus". Essa é uma falácia extremamente engenhosa e leva a um tipo místico de vida religiosa que, por ser "especial" (ou de particular interpretação), rapidamente se torna espúrio (VEJA 2 PEDRO 1:20).

A Bíblia é a Palavra de Deus somente para quem nasceu do alto e anda na luz. O nosso Senhor Jesus Cristo — a *Palavra* de Deus — e a Bíblia — as *palavras* de Deus — permanecem ou se desfazem juntas. Eles nunca podem ser separados sem resultados fatais. A atitude de um homem para com o nosso Senhor determina a sua atitude para com a Bíblia. Para uma pessoa não nascida do alto, as "palavras" de Deus não têm importância; para essa pessoa, a Bíblia é simplesmente uma notável compilação de literatura. Toda a confusão surge de não reconhecer isso. Porém, para a alma nascida do alto, a Bíblia é o universo da vontade revelada de Deus.

O que se aplica aos nossos dias tem exatamente o mesmo princípio que se aplicava à antiguidade, isto é, que os puros de coração veem e ouvem a Deus. A tremenda sabedoria e profundidade da vontade de Deus, vindo à tona com mistérios insondáveis, chegam ao litoral da vida comum, não em emoções, aspirações e votos, agonias e visões, mas sim de uma maneira tão simples que os viajantes, embora tolos, não têm como entender mal.

Isto está registrado: "...disse-lhes [Moisés]: — Guardem no coração todas as palavras que hoje testifico entre vocês, para que ordenem a seus filhos que tratem de cumprir todas as palavras desta Lei. Porque esta palavra não é para vocês coisa vã; pelo contrário, é a sua vida; e, por esta mesma palavra, vocês prolongarão os dias na terra em que, passando o Jordão, vocês vão entrar e da qual tomarão posse" (DEUTERONÔMIO 32:46-47). E o nosso Senhor declara que o "semeador semeia a palavra" (MARCOS 4:14).

Assim que qualquer alma nasce do alto, a Bíblia se torna, para ela, o universo de fatos de revelação, assim como o mundo natural é o universo de fatos do senso comum. Para a nossa fé, esses fatos de revelação são *palavras*, não *coisas*. O estágio da orientação divina pelas palavras de Deus é atingido quando a alma compreende que, pelas tribulações da vida providencial, o Espírito de Deus ministra uma compreensão de Sua Palavra nunca antes conhecida. A orientação divina pela Palavra indica uma preparação profunda e pessoal do coração. As palavras de Deus são seladas em toda alma até serem abertas pela habitação do Espírito de Deus.

Buscar uma palavra de Deus para se adequar ao caso de alguém nunca é orientação divina, e sim orientação por capricho e disposição humanos. O Espírito Santo nos traz à lembrança o que Jesus disse e nos conduz a toda a verdade, e Ele faz isso para glorificar a Jesus Cristo. A orientação divina pela Palavra sempre nos faz perceber a nossa responsabilidade para com Deus. Nas tribulações, Deus traz orientação divina por Sua Palavra e, à medida que avançamos, começamos a entender o que o nosso Senhor declarou: "As palavras que eu lhes tenho falado são espírito e são vida" (JOÃO 6:63). Toda interpretação das palavras de Deus que não revele essa responsabilidade fundamental para com Deus e a percepção de que devemos existir para o louvor de Sua glória é de interpretação pessoal e é severamente condenada por Deus.

...Nós não habitamos
Nesta Terra; porém, por pouco tempo,
Passamos por ela: e, enquanto passamos,
Deus, por entre as trevas, estabeleceu a Luz da vida,
Com testemunho de si mesmo, a Palavra de Deus,
Para estar entre nós como Homem,
com coração humano,
E linguagem humana, interpretando assim
A Única grande Vontade incompreensível,
Apenas na medida em que nós, na vida humana,
Somos capazes de recebê-la.

H. E. HAMILTON-KING

Com muita frequência, nossa errônea compreensão da Palavra de Deus nos comprova a necessidade da penetrante palavra do nosso Senhor: "Tenho ainda muito para lhes dizer, mas vocês não o podem suportar agora" (JOÃO 16:12). Em nossas orações, em nossos desejos, em nossa paciência, o nosso conhecimento de Deus nos capacita a dizer com sinceridade: "Fala, SENHOR, porque o teu servo ouve" (1 SAMUEL 3:9)? Será que realmente ouviríamos a Palavra de Deus, ou não estamos nesta tribulação imediata esperando que o Senhor nos convença de que, afinal, o nosso próprio jeito está certo? Ó, a bem-aventurança de tal coração pueril disciplinado que, quando Deus fala a ele, responde: "Sim, Senhor" e simplesmente obedece!

Almas agonizantes! Aproximem-se de Cristo,
E, ó! não venham duvidando disto,
Mas, com fé que confia corajosamente
Em Seu enorme afeto por nós jamais visto.
Se o nosso amor fosse apenas mais singelo,
Acreditaríamos em Sua palavra;
E nossa vida seria toda raios de sol
Na doçura por nosso Senhor revelada.

FREDERICK W. FABER

A escola da "Orientação Divina pelas Palavras de Deus" tem uma disciplina severa. Serão necessários vastos exames do coração, enorme paciência e grande simplicidade para sermos orientados dessa maneira.

Orientação divina por símbolos de Deus

O SENHOR ia adiante deles, durante o dia, numa coluna de nuvem, para os guiar pelo caminho; durante a noite, numa coluna de fogo, para os iluminar, a fim de que caminhassem de dia e de noite. A coluna de nuvem nunca se afastou do povo durante o dia, nem a coluna de fogo durante a noite. ÊXODO 13:21-22

Quando vocês virem que os sacerdotes levitas estão levando a arca da aliança do SENHOR, seu Deus, saiam também do lugar em que vocês estão e sigam a arca. JOSUÉ 3:3

Cada um deles servirá de esconderijo contra o vento, de refúgio contra a tempestade, de torrentes de água em lugares secos e de sombra de uma grande rocha em terra sedenta. ISAÍAS 32:2

O Espírito Santo desceu sobre ele em forma corpórea como pomba, e do céu veio uma voz, que dizia: — Você é o meu Filho amado; em você me agrado. LUCAS 3:22

A coluna de nuvem, a coluna de fogo, a arca, o homem e a pomba: todos esses são símbolos de Deus. Essa forma de orientação divina por símbolos é profunda e bendita. Deus não nos deixa às vagas e inapreensíveis intuições da mente de algum grande indivíduo, ou às nossas próprias vãs imaginações. Ele criou um mundo de coisas além de nós mesmos como salvaguarda e inspiração para nosso raciocínio de bom-senso; e fez um mundo de realidades espirituais como salvaguarda e inspiração para nosso discernimento.

Quão frequentemente o nosso Senhor Jesus Cristo enfatiza Sua orientação por meio de símbolos: "EU SOU a porta"; "EU SOU o pão da vida"; "EU SOU a videira verdadeira";

"EU SOU o caminho". Uma compreensão correta desse conceito bíblico é essencial a todo pensamento cristão. A disposição na Bíblia parece ser: a verdade absoluta; a verdade simbólica; o falso. Somente quando o coração é purificado do pecado podemos ver o simbolismo. É por isso que, quando uma pessoa está em Cristo Jesus, é nova criatura e enxerga tudo que há no mundo comum como símbolos — realidades invisíveis. (Lembre-se de que há símbolos do diabo e do reino do mal, tanto quanto há símbolos de Deus e do reino do Céu.) Quão simples e claramente o nosso Senhor ensina isto: "se [...] os seus olhos forem maus, todo o seu corpo estará em trevas. Portanto, se a luz que existe em você são trevas, que grandes trevas serão!" (MATEUS 6:23). E vice-versa: "Se os seus olhos forem bons, todo o seu corpo será cheio de luz..." (MATEUS 6:22). Quando Jesus ouviu Seu Pai falar, a "multidão que ali estava e que ouviu aquela voz dizia ter havido um trovão." (JOÃO 12:29). Novamente, quando Saulo de Tarso, a caminho de Damasco, foi encontrado por Jesus e ouviu a Sua voz, os homens que viajavam com ele viram apenas relâmpagos repentinos e queda física (VEJA ATOS 9:3-7).

O pensamento cristão é algo raro e difícil; muitos parecem não ter consciência de que, segundo o nosso Senhor, o primeiro grande mandamento é: "Ame o Senhor, seu Deus [...] de todo o seu entendimento..." (MARCOS 12:30).

É impossível às pessoas serem guiadas pela verdade absoluta. Deus, que é a verdade absoluta, disse a Moisés: "Você não poderá ver a minha face, porque ninguém verá a minha face e viverá" (ÊXODO 33:20). Assim, Deus nos guia, etapa por etapa, e a etapa mais maravilhosa de Sua orientação ocorre por meio de símbolos.

Podemos perguntar: O que é um símbolo? Um símbolo representa uma verdade espiritual por meio de imagem ou propriedades de coisas naturais. Um símbolo não deve ser tomado como uma alegoria. Uma alegoria é simplesmente um discurso figurativo com um significado diferente daquele contido em palavras literais. Um símbolo é selado até o espírito certo ser concedido para a sua compreensão; os símbolos de Deus não são detectados se o Seu Espírito não estiver em Seu filho para capacitá-lo a entender. O que a coluna de nuvem, de dia, ou a coluna de fogo, à noite, significava para as hordas no deserto? Nada mais do que o mistério de nuvens que sempre variavam de forma. Para os filhos de Deus, porém, elas significavam a orientação manifesta de Deus. A maneira como uma pessoa interpreta os símbolos de Deus revela que tipo de pessoa ela é. Quão frequentemente temos de dizer, com o salmista: "eu [...] era como um animal diante de ti." (SALMO 73:22), sem entendimento. Quão frequentemente a mula reconhece que um dos anjos de Deus está falando antes de o chamado profeta, que está em seu lombo, o detectar (VEJA NÚMEROS 22)!

Deus muda Seus símbolos, e não sabemos o porquê; mas Deus é sempre simplesmente bom, e a mudança de um símbolo significa, certamente, que outro símbolo deverá nos guiar a uma maior compreensão dele mesmo. Quando Deus abandona um símbolo, este se torna transparente, por assim dizer, não tendo mais força de ligação. Quão triste é ver pessoas adorando um símbolo desconsiderado por Deus! Não devemos adorar reminiscências; essa é a característica de todas as outras religiões, enquanto a religião baseada na Bíblia é de progresso eterno, uma intensa e militante continuidade.

A obediência à voz do Espírito em seu interior, a Palavra de Deus exterior e o sofrimento da tribulação ao redor: esses três capacitam o filho de Deus a ouvir à Sua voz e reconhecer Seus símbolos mutáveis. Essa disciplina de orientação divina por símbolos é uma disciplina séria e importante, e Deus nunca deixa Seus filhos sozinhos em tais momentos, pois, como escreve James Russell Lowell:

...por trás do escuro desconhecido
Deus permanece na sombra,
Mantendo a vigilância sobre os Seus.

Orientação divina por servos de Deus

Eis que eu fiz dele uma testemunha aos povos, um príncipe e governador dos povos. ISAÍAS 55:4

A orientação pelas palavras de Deus deve levar a alma à cirurgia dos acontecimentos antes de uma nova atitude de escuta poder ser adquirida. Inicialmente, a alma ouve em uma única direção: especificamente, a dos seus preconceitos. A orientação pelos símbolos de Deus deixa claro ao coração que a visão exterior apenas é possível quando o olho interior é aberto; e quando Deus toca esse olho com o bálsamo espiritual, a alma percebe que os símbolos mutáveis dão visões mais profundas e penetrantes de Deus.

A orientação por Seus servos proporciona uma proximidade ainda mais íntima com o próprio Deus. É durante essa disciplina que aprendemos que nenhum ideal tem qualquer benefício prático se não for encarnado. Porém, quando os servos de Deus nos guiam ao coração dele, os primeiros esboços gloriosos do significado de tudo passam diante de nós.

Se rastrearmos as características e qualidades dos servos de Deus na Bíblia, descobriremos que um servo de Deus é totalmente diferente de um instrumento de Deus. Um instrumento de Deus é uma pessoa que Ele levanta, usa e derruba novamente. Um servo de Deus é quem renunciou para sempre ao *seu direito a si mesmo* e está ligado ao seu Senhor como Seu escravo: "Pois quem foi chamado no Senhor, sendo escravo, é liberto que pertence ao Senhor. Do mesmo modo, quem foi chamado, sendo livre, é escravo de Cristo." (1 CORÍNTIOS 7:22).

Um instrumento é quem demonstra a soberania de Deus — talvez uma soberania inexplicável, porém incontestável. Um servo é quem, reconhecendo a vontade *soberana* de Deus, entrega-se para fazer essa vontade por sua *livre decisão*.

> *Que diremos, então? Que Deus é injusto? De modo nenhum! Pois ele diz a Moisés: "Terei misericórdia de quem eu tiver misericórdia e terei compaixão de quem eu tiver compaixão". Assim, pois, isto não depende de quem quer ou de quem corre, mas de Deus, que tem misericórdia. Porque a Escritura diz a Faraó: "Foi para isto mesmo que eu o levantei, para mostrar em você o meu poder e para que o meu nome seja anunciado em toda a terra". Logo,*

Deus tem misericórdia de quem quer e também endurece a quem ele quer. Mas você vai me dizer: "Por que Deus ainda se queixa? Pois quem pode resistir à sua vontade?" Mas quem é você, caro amigo, para discutir com Deus? Será que o objeto pode perguntar a quem o fez: "Por que você me fez assim?" Será que o oleiro não tem direito sobre a massa, para do mesmo barro fazer um vaso para honra e outro para desonra? ROMANOS 9:14-21

Orientação por Seus servos! Que orientação bendita — mas, ó, ela é severa! "Um servo de Deus": o significado dessa frase está grandemente perdido nos dias de hoje. A sentença que melhor se adapta à nossa disposição moderna é "servo de homens". Nossa palavra de ordem hoje é: "O maior bem para o maior número de pessoas". O clamor do coração do servo de Deus é: "A maior obediência ao meu Senhor".

Quantos de nós conhecemos um servo de Deus que tem um entendimento correto de Deus e pode nos apresentar a Ele, aos Seus pensamentos e às Suas expectativas? Citando G. K. Chesterton:

Ai daquele homem de Deus que entregará a Deus os corações que Deus chamou por meio dele! Não foi *você* quem despertou esse poderoso desejo no coração; não foi *você* quem despertou aquele desejo no espírito; foi Deus em você.
Você é um servo de Deus? Então leve-os a Ele.
De bruços, no pó, ó homem de Deus, se tais

braços o envolvem e esse coração repousa sobre você! Se aquele coração anelante, amoroso, despertar e encontrar você em vez de Deus, que paixão desesperada despedaçará você com a maldição da solidão e do silêncio!

Todos os servos de Deus são assim? Graças a Deus, não! As ovelhas são muitas e os pastores são poucos, visto que a fadiga é espantosa, as alturas são vertiginosas e as paisagens são horríveis. Não é de admirar que o nosso Senhor tenha dito: "[as ovelhas] o seguem, porque reconhecem a voz dele. Mas de modo nenhum seguirão o estranho; pelo contrário, fugirão dele, porque não conhecem a voz dos estranhos." (JOÃO 10:4-5).

Um dos maiores desses servos de Deus disse que era uma voz que clamava uma única coisa: "Arrependei-vos!"; uma voz que apontava em uma única direção: "Eis o Cordeiro de Deus!" (JOÃO 1:36). É para isso que serve um servo de Deus. Sim, e por que escola Deus faz passar o Seu servo! Seus anos de graduação são: Separação, Tristeza, Santificação Suprema e Sofrimento.

Deus orienta por Seus servos, e é uma orientação que disciplina o coração, a mente e o espírito. Observe essa orientação ao longo dos registros das Sagradas Escrituras acerca das carreiras de Abraão, Moisés, Josué, Gideão e Débora. Acompanhe a solidão de seu aprendizado e discipulado. Compreenda a solidão de Abraão, "o amigo de Deus". Contemple e imagine a dura disciplina de Moisés, que considerou que "ser desprezado por causa de Cristo era uma riqueza maior do que os tesouros do Egito..."

(HEBREUS 11:26). Curve-se diante do aperfeiçoamento do coração sobrenatural de Josué. Maravilhe-se ao ver como Deus tomou o tímido Gideão e o revestiu com o próprio Deus. E fique em silêncio diante de Débora, aquela profetisa da santidade de Deus, liderando o Seu exército. Marcando a autoanulação e o caráter sobrenatural deles, incline seu rosto diante de Deus e aprenda a peculiaridade de Sua orientação por Seus servos.

Dificilmente prestamos atenção suficiente à prefiguração do nosso Senhor nos profetas e servos de Deus, e talvez tenhamos enfatizado demasiadamente a Sua prefiguração em sinais e símbolos das dispensações que cercam tais profetas e servos. Quão estranhamente os escritores dos Salmos se lançam em uma prefiguração definida do nosso Senhor! Quão maravilhosamente as dores desses servos de Deus adquirem novo significado quando vemos Jesus! O antropomorfismo no Antigo Testamento nunca pode ser consignado pela afirmação de que ele é a humanidade tentando declarar Deus em termos de sua própria ignorância. Em vez disso, é Deus prefigurando o estupendo mistério da Encarnação.

Orientação divina pela compaixão de Deus

Celebrarei as misericórdias do SENHOR *e os seus atos gloriosos, segundo tudo o que o* SENHOR *nos concedeu e segundo a grande bondade para com a casa de Israel, bondade que usou para com eles, segundo a sua compaixão e segundo a multidão das suas misericórdias. Porque ele dizia: "Certamente*

*eles são o meu povo, filhos que nunca me trairão".
E ele se tornou o Salvador deles. Em toda a
angústia deles, também ele se angustiava; e o Anjo
da sua presença os salvou. Por seu amor e por sua
compaixão, ele mesmo os remiu, os tomou e os
conduziu todos os dias da antiguidade.* ISAÍAS 63:7-9

*Ele o encontrou numa terra deserta e num ermo
solitário povoado de uivos; rodeou-o e cuidou dele,
guardou-o como a menina dos olhos. Como a águia
desperta a sua ninhada e voeja sobre os seus filhotes,
estende as asas e, tomando-os, os leva sobre elas,
assim, só o* SENHOR *guiou o seu povo, e não havia
com ele deus estranho.* DEUTERONÔMIO 32:10-12

*Também me deste o escudo da tua salvação; a
tua mão direita me susteve, e a tua clemência me
engrandeceu. Alargaste o caminho sob meus passos,
e os meus pés não vacilaram.* SALMO 18:35-36

A compaixão de Deus — Deus tendo sentimento por nós! Eis o cerne dessa frase: "Porque não temos sumo sacerdote que não possa se compadecer das nossas fraquezas; pelo contrário, ele foi tentado em todas as coisas, à nossa semelhança, mas sem pecado. Portanto, aproximemo-nos do trono da graça com confiança, a fim de recebermos misericórdia e encontrarmos graça para ajuda em momento oportuno" (HEBREUS 4:15-16).

É na ternura mística da orientação por Sua compaixão que Deus concede um amor como o dele. Ó, como a linguagem pode expressar a hora em que a alma, a alma individual, sabe que Deus observou todas as tristezas e guardou todas as lágrimas até nenhuma gota ser perdida, que "ele conhece a nossa estrutura e sabe que somos pó" (SALMO 103:14)? Quando a primeira grande surpresa da luz de Sua compaixão irrompe sobre a alma ofuscada pelas lágrimas e a transforma em radiantes arco-íris de promessa? Quando nenhuma *palavra* dele ressoa em nossos ouvidos com um vibrante toque de clarim? Quando nenhum *símbolo* visível disciplina os nossos passos vacilantes? Quando nenhum *servo* de Deus está próximo para nos ajudar a discernir a Sua vontade? Quando tememos ao entrar na nuvem e — veja só! — um toque místico está em nosso espírito, um frescor e bálsamo, "tal como a mãe consola o filho" (ISAÍAS 66:13), assim o Senhor nos conforta? Ó, o toque mais terno do amor de uma mãe é nada se comparado à compaixão do nosso bendito Pai! É ali, aconchegados em Seus braços, que somos orientados ao segredo dos segredos — que não é com os pecados dos homens que temos de lidar, e sim com os sofrimentos deles. É ali que Ele nos concede os tesouros de trevas que nos disciplinam para sermos forças permanentes nos momentos de alarme de outras vidas.

Que atmosfera envolve a vida que Deus está orientando por Sua compaixão! Sentimos um horizonte maior, um coração, cérebro e espírito em expansão nos agarrando e nos elevando. Nada parece ter mudado, mas um beijo (como se o beijo de Deus) toca a nossa preocupação e, sorrindo, nos perguntamos como as coisas mudaram; e a vida nunca mais é a mesma. Pela orientação por Sua compaixão, aprendemos que Deus não atenta às nossas falhas, nem aos nossos erros; Ele olha para o nosso coração. Antes, talvez nunca conseguíssemos ver esse ponto tão bendito e tão raro. Quão alegre, nobre e puramente crescemos sob a orientação da compaixão de Deus!

Contudo, seria perigoso se Deus nos orientasse por Sua compaixão demasiadamente cedo. Leia novamente, em Isaías 63, a triste sequência de tal orientação: "Mas eles foram rebeldes e contristaram o seu Espírito Santo. Por isso, ele se tornou inimigo deles e ele mesmo lutou contra eles." (v.10). E veja novamente a continuação de Deuteronômio 32: "Mas Jesurum engordou e deu coices [...] Ele abandonou a Deus, que o fez, desprezou a Rocha da sua salvação" (v.15).

Claramente, a compaixão pode ter um efeito perigoso sobre as pessoas. Em vidas indisciplinadas e egocêntricas, ela parece gerar uma vaidade autoconfiante que abusa da finalidade e significado da compaixão de Deus; a bondade de Deus, que deveria levar ao arrependimento, leva, em vez disso, a uma presunção gritante. Porém, para uma natureza disciplinada e castigada pelo autoconhecimento (cujo cinismo, que sempre surge da visão estreita das limitações pessoais, há muito deu lugar a visões mais amplas, generosas e discretas), a orientação pela compaixão de Deus é uma dádiva indizível, sempre levando a alma a uma profunda adoração a Deus e devoção a Ele.

Para beneficiar, fortalecer e enobrecer, a compaixão precisa brotar de uma fonte mais elevada do que aquela o sofredor já alcançou até então. O propósito e cerne da compaixão do nosso Senhor não é tornar alguém submisso a um coração quebrantado e degenerar a escravidão hereditária, e sim orientar para onde Ele curará os quebrantados de coração e libertará os cativos. Uma armadilha angustiante cerca certo tipo de santo: a armadilha de um desejo mórbido de compaixão, a qual simplesmente faz desse santo uma esponja espiritual suplicante, por assim dizer, por absorver a compaixão. É estranho dizer, mas a crítica de Deus a nós não dói, visto que a alma entende que ela brota de um poço profundo de compaixão. A crítica sem compaixão é cruel, mas a crítica que brota da compaixão é bendita.

A disciplina da orientação pela compaixão de Deus leva a uma compreensão melhor e mais clara das ideias, expectativas e metas de Deus. Dessa maneira, Ele nos dá a conhecer os Seus *caminhos*; caso contrário, simplesmente conhecemos Seus *atos* (VEJA SALMO 103:7). Por meio da orientação de Sua compaixão, entendemos que "tudo ele tem feito muito bem…" (MARCOS 7:37) e, embora Ele mate, tal alma não pode temer. A linguagem da alma orientada pela compaixão de Deus é uma surpreendente censura para quem não conhece a Deus! Pois, por sua vida, a pessoa diz: "É o SENHOR. Que ele faça o que achar melhor" (1 SAMUEL 3:18).

A orientação pela compaixão de Deus mantém a alma e o coração em uma rara atmosfera de bendito amor espiritual. É ao longo dessa linha de orientação divina que Deus nos leva a conselho com Ele mesmo, por assim dizer, declarando como disse acerca de Abraão: "Será que eu devo esconder de Abraão o que estou para fazer?" (GÊNESIS 18:17).

Antes de passarmos para nossa meditação final sobre a orientação pelo próprio Deus, que nosso coração se abra diante desta maravilhosa revelação:

E eu pedirei ao Pai, e ele lhes dará outro Consolador, a fim de que esteja com vocês para sempre: é o Espírito da verdade, que o mundo não pode receber, porque não o vê, nem o conhece. Vocês o conhecem, porque ele habita com vocês e estará em vocês. — Não deixarei que fiquem órfãos; voltarei para junto de vocês. JOÃO 14:16-18

Chame o Consolador pelo termo que achar melhor — Advogado, Consolador, Paráclito — a palavra transmite a indefinível bem-aventurança de Sua compaixão — um reino invisível interior que faz com que o santo cante em todas as noites de tristeza. O Santo Consolador representa a inefável maternidade de Deus. Nós limitamos a nós mesmos e ao nosso conceito de Deus ao ignorar o lado da natureza divina mais bem simbolizado pela feminilidade; e o Consolador, diga-se com reverência, certamente representa esse lado da natureza divina.

O Consolador é quem derrama amplamente o amor de Deus em nosso coração. O Consolador é quem nos batiza em unidade com Jesus, na surpreendente linguagem das Escrituras, até sermos habitados por uma misteriosa união com Deus. O Consolador é quem produz o fruto de "amor, alegria, paz, longanimidade, benignidade, bondade, fidelidade, mansidão, domínio próprio" (GÁLATAS 5:22-23).

A orientação por Sua compaixão conduz, por uma disciplina bendita, a uma compreensão de Deus que ultrapassa o conhecimento.

Orientação divina pelo próprio Deus

...*para que todos os povos da terra saibam que o* SENHOR *é Deus e que não há outro.* 1 REIS 8:60

Depois destes acontecimentos, a palavra do SENHOR *veio a Abrão, numa visão, dizendo: — Não tenha medo, Abrão, eu sou o seu escudo, e lhe darei uma grande recompensa.* GÊNESIS 15:1

Deus respondeu: — A minha presença irá com você, e eu lhe darei descanso. ÊXODO 33:14

— Se aparecer no meio de vocês um profeta ou sonhador e anunciar um sinal ou prodígio, e se acontecer esse sinal ou prodígio de que ele falou, e ele disser: "Vamos seguir e adorar outros deuses", deuses esses que vocês não conheceram, não deem ouvidos às palavras desse profeta ou sonhador. Porque o SENHOR, *seu Deus, está pondo vocês à prova, para saber se vocês amam o* SENHOR, *seu Deus, de todo o coração e de toda a alma. Sigam o* SENHOR, *seu Deus, e temam somente a ele. Guardem os seus mandamentos, deem ouvidos à sua voz, sirvam-no e sejam fiéis a ele.* DEUTERONÔMIO 13:1-4

O SENHOR *é o meu pastor; nada me faltará. Ele me faz repousar em pastos verdejantes. Leva-me para junto das águas de descanso; refrigera-me a alma.*

Guia-me pelas veredas da justiça por amor do seu nome. SALMO 23:1-3

Essa é a meta na Terra. Em tudo que já tocamos, não nos aproximamos da meta da eternidade. Deus nunca tem pressa, e Sua orientação é tão rigorosa, simples, doce e satisfatória que nada além do espírito pueril pode discerni-la. Porém, a meta é o próprio Deus.

Minha meta é o próprio Deus;
não alegria, nem paz,
Nem mesmo bênção, e sim Ele mesmo,
o meu Deus;
Cabe a Ele me levar até lá,
não a mim, mas a Ele;
A qualquer custo, querido Senhor,
por qualquer caminho.

FREDERICK BROOK

Quão verdadeira é a palavra do apóstolo Paulo: "Assim, vocês serão fortalecidos com todo o poder, segundo a força da sua glória, em toda a perseverança e paciência, com alegria..." (COLOSSENSES 1:11). O nosso próprio Senhor emite a mesma nota de paciência: "É pela perseverança que vocês ganharão a sua alma" (LUCAS 21:19), e o apóstolo João escreve: "Eu, João, irmão e companheiro de vocês na tribulação, no reino e na perseverança em Jesus..." (APOCALIPSE 1:9). Ó, a disciplina da paciência! Como a orientação de Deus nos apressa, nos adoça e nos vivifica até que, sem impedimentos, Ele possa nos orientar por si mesmo!

Desde a mais tenra infância, pairou sobre nós a indefinível presença bendita. Porém, somente a alma disciplinada por sofrimento, solidão e orientação divina sente que, se estendesse a mão, poderia tocar, ou melhor, de fato tocaria o próprio Deus. Talvez tenha sido em um santo encantamento de oração ou contemplação que o próprio Deus nos envolveu, até o medo se tornar impossível e Deus ser tudo em todos, ultrapassando toda linguagem e todo pensamento.

Todavia qual é o significado de toda dor, anseio e questionamento? Por que Deus não nos fala claramente por si mesmo? Ah! O nosso Deus é mestre em aperfeiçoar as Suas ideias em nós; Ele nunca se apressa. Com muita frequência, não compreendemos bem a Deus e os Seu propósitos e afundamos em quietismo e contemplação. Quando começamos a repousar em uma estagnação santificada, de repente Ele nos desarraiga impiedosamente e, quando finalmente concordamos com Ele e Seus caminhos, Ele nos atordoa e confunde com Suas perguntas. (Tudo isso é colocado para nossa instrução no capítulo 38 do livro de Jó.) Queremos muito que Deus perceba o quão a sério nós nos levamos. Porém, algumas das perguntas que Deus nos faz destroem tal seriedade:

> Onde você estava, quando eu lancei os
> fundamentos da terra?
> Alguma vez na vida você deu ordens
> à madrugada
> ou mostrou ao amanhecer o seu lugar?
> Você foi até as nascentes do mar

ou percorreu o mais profundo do abismo?
Será que a você foram reveladas as
portas da morte?
Você viu essas portas da região tenebrosa?
Você tem noção clara da largura da terra?
Será que você pode atar as correntes do
Sete-estrelo ou soltar as cordas do Órion?
Você pode fazer aparecer as constelações a seu
tempo ou guiar a Ursa Maior com os seus filhos?
Você conhece as leis que governam os céus,
e pode estabelecer a sua influência sobre a terra?
(VEJA JÓ 38)

Ó, essas perguntas terríveis quando Deus parece rir-se da alma, destruindo sua séria presunção, mesmo enquanto Ele sustenta tal alma!

Então Jó respondeu ao SENHOR e disse:
"Sou indigno.
Que te responderia eu?
Ponho a mão sobre a minha boca.
Uma vez falei, e não direi mais nada;
aliás, duas vezes, porém não prosseguirei...
Bem sei que tudo podes,
e nenhum dos teus planos pode ser frustrado.
Tu perguntaste: 'Quem é este que, sem conhecimento,
encobre os meus planos?'
Na verdade, falei do que eu não entendia...
Eu te conhecia só de ouvir,
mas agora os meus olhos te veem.

Por isso, me abomino e me arrependo no pó e na cinza". (VEJA JÓ 39-42)

É por meio de processos como esse que Deus, por Sua divina orientação, destrói a terrível barreira de nos levarmos demasiadamente a sério. Deus é uma luz tão brilhante que a primeira visão dele é escura na presença de excesso de luz. Em Gênesis 15, lemos que "a palavra do SENHOR veio a Abrão, numa visão, dizendo: — Não tenha medo, Abrão, eu sou o seu escudo, e lhe darei uma grande recompensa" (v.1). Observe que foi uma visão — a ordem de Deus é: primeiramente visão, depois humilhação, depois realidade. "Ao pôr do sol, um profundo sono caiu sobre Abrão, e grande pavor e densas trevas tomaram conta dele" (v.12) — uma escuridão por excesso de luz.

Muita coisa muda durante essa disciplina de orientação divina, mas uma coisa fica cada vez mais clara: a revelação do próprio Deus. Moisés, o servo de Deus, foi guiado primeiramente pela coluna de nuvem (isto é, por um método misterioso exterior) e depois pela orientação recebida no monte Sinai, com sua compreensão interior das palavras proferidas ali. Então, vemos o Deus da coluna de nuvem, o Deus da Lei do Sinai, revelando-se a Moisés e dizendo: "A minha presença irá com você, e eu lhe darei descanso" (ÊXODO 33:14). O indizível arrebatamento de tudo isso fez o coração de Moisés implorar: "Peço que me mostres a tua glória" (v.18); e, em transbordante graça e condescendência, Deus o fez: "Eis aqui um lugar perto de mim, onde você ficará sobre a rocha [...] você me verá pelas costas; mas a minha face ninguém verá" (vv.21-23).

"Eis aqui um lugar perto de mim", um lugar de segurança inacessível. Aflições e tribulações podem destruir tudo o mais, contudo o santo que habita nesse lugar secreto do Altíssimo é intocável. Ali não há autoconsciência ou incerteza, e sim apenas descanso — insondável descanso no próprio Deus. Não em uma visão de Deus, mas no próprio Deus como uma realidade, uma viva e brilhante realidade. Andar com Deus e falar com Ele como um amigo a outro amigo, sabendo que Deus sabe que pode fazer o que quiser conosco; não há perguntas, nem perplexidades, pois Ele sabe. Aqui, no coração desse caminho de orientação pelo próprio Deus, Ele nos transmite "o segredo do Senhor".

Dentro deste lugar de garantido bem,
O amor sempre expande as suas asas,
Ou, aninhado em Tua escolha perfeita,
Permanece contente com o que ela traz.

Ó fardo mais leve, jugo mais doce!
Ela eleva, sustenta a minha alma alegre,
Ela dá asas a este pobre coração,
Minha liberdade é a Tua grande vontade.

Pela vontade de Deus eu me deito,
Como criança no peito de sua mãe;
Nenhum sofá de seda nem o leito mais macio
Poderiam me dar um descanso tão tranquilo.

Tua grande e maravilhosa vontade, meu Deus,
Em triunfo eu agora a faço minha;

E a fé gritará um alegre "Sim!"
A cada amado comando Teu.

GERHARD TERSTEEGEN

Certo dia, uma querida amiguinha minha, com menos de quatro anos, enfrentando uma grande dificuldade em seu pequeno coração, disse com um aceno de cabeça muito sábio: "Vou contar ao meu papai". Logo ela voltou, dessa vez com todas as fibras de seu pequeno corpo se pavoneando com o orgulho que brilhava em seus olhos. "Agora, meu papai está vindo!", disse ela. Logo veio seu papai; ela apertou as mãozinhas, gritou de prazer e dançou em volta dele, indizivelmente confiante em seu papai.

Filho de Deus, você enfrenta algo que aterroriza o seu coração? Diga: "Vou contar ao meu Pai". Então, volte "gloriando-se" no Senhor: "Agora, meu Pai está vindo". E, quando Ele vier, você também apertará as suas mãos em êxtase, sua boca se encherá de riso e você será semelhante a alguém que sonha.

E tudo isso parece uma felicidade imensurável aqui e agora. Porém, o que será quando tudo isso houver passado? Se tudo isso é apenas como as costas do Senhor, e não o Seu rosto, ó, como será? Isso o coração do homem é incapaz de conceber!

~

O profundo segredo de Deus é o amor, e somente o coração e o espírito pueris podem encontrar o caminho para aprender esse segredo. Jesus Cristo satisfaz o último e dolorido abismo do espírito humano e, até que Ele faça isso, há um grande elemento de precariedade em nossa vida.

Na vida, metade dos desgostos é causada pela falta de compreensão de que, como escreveu Tennyson, "Precisamos amar ao extremo quando o vemos" — não algo fugaz e cintilante. Deus não é um transbordar de sentimento, nem uma vaga abstração de boa natureza impessoal que oblitera a responsabilidade individual. Deus é uma realidade viva e intensa; enquanto essa verdade não é compreendida, os enigmas e as perguntas são maiores do que as resoluções.

Porém, quando, pela disciplina de Sua orientação divina, nós o conhecemos e a presença de Deus conosco nos dá descanso, tempo e eternidade se fundem e se perdem nesse relacionamento surpreendentemente vital. A união não é de contemplação mística, mas de intensa perfeição de atividade; não o repouso da plácida paz da estagnação, e sim o repouso do movimento perfeito.

Capítulo 2

A DISCIPLINA DO SOFRIMENTO

Amados, não estranhem o fogo que surge no meio de vocês, destinado a pô-los à prova, como se alguma coisa extraordinária estivesse acontecendo [...] Por isso, também os que sofrem segundo a vontade de Deus entreguem a sua alma ao fiel Criador, na prática do bem. 1 PEDRO 4:12,19

O terrível problema do sofrimento surge continuamente, nas Escrituras e na vida, e permanece um mistério. Desde o tempo de Jó até hoje, e desde antes de Jó, o mistério do sofrimento permanece. E depois do barulhento clamor do novato em sofrimento, depois das importantes palavras do veterano, depois do sarcasmo, cinismo e amargura dos mais ou menos aflitos, e depois da calúnia de Satanás contra Deus, a voz do Espírito sempre soa clara: "Você reparou no meu servo Jó?" (JÓ 1:8).

Ser capaz de explicar o sofrimento talvez seja a indicação mais clara de nunca haver sofrido. Pecado, sofrimento e santificação não são problemas da mente, e sim fatos da vida — mistérios que despertam todos os outros mistérios até que o coração descanse em Deus e, esperando pacientemente, saiba que "Tudo [Deus] tem feito muito bem..." (MARCOS 7:37). Ó, a indizível alegria de saber que Deus reina, que Ele é o nosso Pai e que as nuvens são apenas "a poeira dos seus pés" (NAUM 1:3)! A vida de fé se baseia e é edificada e amadurecida na confiança implícita primordial, transfigurada pelo amor. A explicação explícita dessa vida só pode ser feita pelo espectador, nunca pelo santo.

Alguns anos atrás, a esposa de um missionário assassinado na China me contou sobre a agonia impressionante e vazia daqueles dias: "Nós não sentimos, não oramos, ficamos atordoados de tristeza". Mostraram-lhe uma mecha do cabelo dourado de seu filhinho e lhe disseram que seu marido e seu filho haviam sido encontrados assassinados, decapitados e nus. Destruída e perdida, a viúva retornou à Grã-Bretanha com seus filhos que haviam sido poupados. Ela disse que não duvidou de Deus, mas "Ele não respondeu à oração. Ó, quantos oraram por meu marido, bom e valioso servo de Deus, mas tudo em vão". Naqueles tempos de reação lúgubre e fastidiosa, as pessoas que quase a enlouqueceram de angústia eram aquelas que sabiam, por capítulo e versículo, o porquê de seu sofrimento e dor. Ela disse: "Eu costumava ficar batendo meu pé no chão enquanto elas tagarelavam, clamando em meu coração: 'Por quanto tempo, ó Senhor, quanto tempo?'". Certo dia, quando ela estava prostrada no sofá, um ministro idoso que conhecera seu marido em dias mais felizes entrou na sala suavemente. Ele nada falou, mas foi mansamente até ela, beijou-a na testa e saiu sem dizer uma palavra. Ela disse: "A partir daquele momento, meu coração começou a ser curado".

Na vida, há mais coisas inexplicadas do que as explicadas. Deus parece não se importar se as pessoas lhe entendem ou não. Marta e Maria contam a Jesus sobre a doença de Lázaro: "Aquele que o Senhor ama está doente" (JOÃO 11:3). Porém, Jesus não envia palavra alguma nem vai de imediato. Lázaro morre, é sepultado e, quatro dias depois, Jesus aparece. Se você não entende quando Marta exclama: "Ora, eu sei que meu irmão ressurgirá no último dia, mas isso não explica por que o Senhor não veio quando eu pedi para chamá-lo; ele não precisava ter morrido se o Senhor tivesse vindo" — se você não entende Marta e se satisfaz com qualquer explicação a ser deduzida desse incidente, não está consciente do problema do sofrimento, não está consciente da pungente agonia quanto aos silêncios de Deus.

Uma consideração de 1 Pedro 4:12-19 servirá para tecer em algum tipo de ordem aquilo que acreditamos que a Bíblia indica e sugere no tocante à disciplina do sofrimento.

As fontes de sofrimento

Que nenhum de vocês sofra como assassino, ou ladrão, ou malfeitor, ou como quem se mete na vida dos outros. 1 PEDRO 4:15

Pelo ponto de vista bíblico, a primeira fonte de sofrimento é dupla: transgressão e temperamento errado.

Transgressão
A fulminante praga da transgressão encontra sua expressão na literatura de todas as épocas. Ela é um sofrimento que funciona tão cruelmente quanto a sepultura e é tão imortal quanto as eras eternas. As palavras de Frederic W. H. Myers expressam o sofrimento que brota da transgressão:

> Quando o melhor desejo
> e a meta mais elevada daquele homem
> haviam terminado no ato de traiçoeira vergonha,
> Quando aos seus olhos injetados de sangue
> tornaram-se ferozes e turvas
> as faces de pedra do Sinédrio;
> Quando em sua ira,
> ele não conseguia mais suportar
> as vozes dos homens,
> nem a luz do sol, nem o ar,
> Nem dormir, nem acordar,
> nem a sua própria respiração rápida,
> Nem Deus no Céu, nem coisa alguma
> que não a morte,
> Eu inclinei a minha cabeça
> E, pelos meus dedos, correram
> lágrimas pelo fim do homem Iscariotes,
> Perdido na desesperada luta da alma
> para desfazer o feito,
> tornar íntegro o quebrado.

O senso do irrevogável torce o espírito humano com o terrível sofrimento de "o que poderia ter sido". Ele inicia seus registros no passado remoto, quando o Paraíso foi perdido e os querubins, com a espada de fogo que se movia, marcaram a vida de Adão e Eva com "Nunca mais, nunca mais". Ele abrange aquele assassino solitário, Caim, que, em sua dor eterna, exclamou: "Meu castigo é tão grande, que não poderei suportá-lo" (GÊNESIS 4:13). Ele faz uma pausa em torno de Esaú quando, demasiadamente tarde, o remorso se apoderou daquele homem forte e o fez chorar aquelas lágrimas de amargo arrependimento, tudo em vão. E seus registros do sofrimento indescritível do transgressor permanecem até hoje —

> Ó irmão! De qualquer modo e
> onde quer que seja que
> Escondas agora o inferno do teu desespero,
> Ouça que um coração pode compadecer-se,
> ele pode compreender
> Contigo tua desesperada e solitária desgraça.
>
> F. W. H. MYERS

Temperamento errado

Há também sofrimento que brota do temperamento errado — "Que nenhum de vocês sofra [...] como quem se mete na vida dos outros" (1 PEDRO 4:15). De conversas descuidadas ou mal-humoradas, brotam palavras tão contundentes, tão depreciativas, tão desesperadas, que degradam e abatem ainda mais o sofredor. A antiga canção do clássico cancioneiro do peregrino tem esse espinho no centro de seu sofrimento: "Senhor, livra-me dos lábios mentirosos, da língua enganadora. O que lhe será dado ou o que lhe será acrescentado, ó língua enganadora? Flechas afiadas de guerreiro e brasas vivas de zimbro" (SALMO 120:2-4).

O sofrimento que brota de "meter-se na vida dos outros" é humilhante até o último grau. Uma tradução livre de 1 Tessalonicenses 4:11 poderia muito bem ser: "Empenhe-se para calar a boca e cuidar da sua vida". Que esse texto esteja dentre todos aqueles que penduramos em nossa parede! O sofrimento que surge de um temperamento errado não tem um lado que refina, mas apenas um lado humilhante. "Portanto, tenham cuidado..." (MALAQUIAS 2:15).

Como um intrometido nos assuntos dos outros, Pedro recebeu uma merecida repreensão do nosso Senhor: "Ao vê-lo [João], Pedro perguntou a Jesus: — Senhor, e quanto a este? Jesus respondeu: — Se eu quero que ele permaneça até que eu venha, o que você tem com isso? Quanto a você, siga-me" (JOÃO 21:21-22). E, certamente, a repreensão contida na resposta do nosso Senhor a Marta é da mesma natureza: "Marta! Marta! Você anda inquieta e se preocupa com muitas coisas, mas apenas uma é necessária. Maria escolheu a boa parte, e esta não lhe será tirada" (LUCAS 10:41-42) — isto é, "Ela está recebendo ordens de mim".

A ruína de muitas amizades começou nessa amotinação de intromissão. Sofrer "como quem se mete na vida dos outros" e ouvir calúnias termina em lamentável dor.

E, ó, as malditas dores causadas por aquele arqui-intrometido, "o acusador dos irmãos"! Esse temperamento errado calunia o Todo-poderoso, e as pessoas acreditam nas fofocas intrometidas do diabo e rompem a amizade com Deus.

Então, essa é a primeira fonte de sofrimento, e o Espírito adverte as pessoas para que não bebam dessa fonte e, assim, não suportem um sofrimento que não é bom, nem enobrecedor.

Sofrimento como cristão

> Mas, se sofrer como cristão, não se envergonhe;
> pelo contrário, glorifique a Deus por causa disso.
> 1 PEDRO 4:16

O sofrimento que surge por sermos essencialmente diferentes das sociedades ao nosso redor enobrece e glorifica a Deus. A designação de "cristão" é de nomeação divina, e viver de maneira digna do nome de cristão é sofrer perseguição. Sofrer por causa de mansidão é um sofrimento que não só nos exalta e refina como também glorifica a Deus. Veja bem: "sofrer como cristão" é vergonhoso aos olhos das sociedades deste mundo. Quando você está sofrendo provação e calúnia, os amigos que se reúnem para apoiá-lo e ficar ao seu lado ficam primeiramente surpresos, depois atordoados e, então, indignados ao descobrir que você realmente não pretende se defender, e sim submeter-se humildemente. No momento em que seus amigos lamentarem por você, o Senhor mesmo virá e sussurrará ao seu espírito: "Bem-aventurados são vocês quando as pessoas os odiarem, expulsarem da sua companhia, insultarem e rejeitarem o nome de vocês como indigno, por causa do Filho do Homem. Alegrem-se naquele dia e exultem, porque grande é a recompensa de vocês no céu..." (LUCAS 6:22-23).

"Sofrer como cristão" não é ser considerado peculiar por causa de seus pontos de vista ou por você não se curvar ao convencionalismo. Essas coisas não são exclusivamente cristãs, mas características humanas comuns das quais todas as pessoas sofrem, independentemente de credo, religião ou nenhuma religião. "Sofrer como cristão" é sofrer por haver, entre você e o mundo, uma diferença essencial que desperta o desprezo do mundo, bem como a repugnância e o ódio do espírito que está no mundo. "Sofrer como cristão" é não dar resposta quando a zombaria do mundo se volta contra você, como aconteceu com Jesus Cristo ao ser pendurado na cruz, quando eles transformaram as Suas palavras em gracejos e deboche. Eles farão o mesmo a você. O Senhor não respondeu; você também não deve fazê-lo.

"Se sofrer como cristão, não se envergonhe". Foi sofrendo com esse problema surpreendente e impreterível que Pedro titubeou. Ele pretendia seguir o seu Senhor até à morte e seguiu. Porém, em nenhum momento imaginou que teria de ir sem Ele — que veria Jesus ser tomado pelo poder do mundo, conduzido como um cordeiro "ao matadouro" (ISAÍAS 57:7), e não teria resposta e palavra alguma para explicar. Isso o gelou até a alma.

É isto que significa "sofrer como cristão": ouvir as pessoas zombando do Senhor, vê-las rasgar Suas palavras em pedaços e sentir que você é incapaz de responder; sofrer sob o impiedoso e lamentável sarcasmo delas por você pertencer à desprezível seita dos "cristãos".

Contudo, por você ser consolado pela vara e pelo cajado do Senhor, considera total alegria passar por tal sofrimento

que glorifica a Deus. "...glorifique a Deus por causa disso."
(1 PEDRO 4:16).

Sofrer "como cristão" é a segunda grande fonte do sofrimento, e as águas que dela jorram purificam e enobrecem a alma.

Sofrimento segundo a vontade de Deus

> *Por isso, também os que sofrem segundo a vontade de Deus entreguem a sua alma ao fiel Criador, na prática do bem.* 1 PEDRO 4:19

Se as fontes de sofrimento que consideramos até aqui surgem em mistério, esta fonte supera em mistério a sua própria origem, bem como a alma que ela cobre. Aqui, a esplêndida singularidade do propósito de Deus transfigura agonia em redenção, e os desconcertantes furacões aceleram a alma como uma flecha flamejante em direção ao grande dia de Deus. Escrevendo acerca de Jó, G. K. Chesterton diz:

> Porém, Deus conforta Jó com mistério indecifrável e, pela primeira vez, Jó é consolado. Elifaz dá uma resposta, Jó dá outra, e a pergunta permanece uma ferida aberta. Deus simplesmente se recusa a responder e, de algum modo, a questão é resolvida. Jó propõe a Deus uma questão, Deus propõe a Jó cem questões, e Jó fica em paz; ele é confortado com enigmas.

Quando todas as coisas banais, as coisas sentimentais, as coisas poéticas e as coisas explicativas foram ditas, a voz mansa e delicada do Espírito introduz o enigma perpétuo: "Você reparou no meu servo Jó?" (JÓ 1:8). E, após uma pausa, quando estamos diante da cruz, o enigma é colocado de maneira ainda mais profunda e desconcertante: "Você é o meu Filho amado; em você me agrado" (MARCOS 1:11); "Todavia, ao SENHOR agradou esmagá-lo, fazendo-o sofrer..." (ISAÍAS 53:10). E inclinamos nossa cabeça enquanto nosso espírito murmura: "Quem creu em nossa pregação [aquilo que ouvimos]? E a quem foi revelado o braço do SENHOR?" (ISAÍAS 53:1).

Essa fonte de sofrimento — o sofrimento "segundo a vontade de Deus" — é um grande abismo. Jó não conhecia o prefácio à sua própria história; nunca lhe contaram que Deus e o diabo haviam feito de sua alma um campo de batalha. O sofrimento de Jó não foi por causa de si mesmo, nem para seu aperfeiçoamento ou purificação. Isso foi incidental. Jó sofreu "segundo a vontade de Deus".

Quando aprenderemos que a grande obra de Deus é a produção de santos? "Se alguém quer vir após mim, negue a si mesmo, dia a dia tome a sua cruz e siga-me" (LUCAS 9:23). Isto é, eu jamais devo fazer a vontade de Deus segundo a minha vontade. Certamente, essa é a exata essência da tentação, ocasionada por Satanás, ao nosso Senhor e a toda alma santificada — "Tome o seu direito sobre si mesmo e faça a vontade de Deus conforme o seu próprio santificado entendimento dela".

"Nunca!" — disse Jesus: "Porque eu desci do céu, não para fazer a minha própria vontade, mas a vontade daquele que me enviou" (JOÃO 6:38). No momento quando o dilema o deixa perplexo, as ondas e as vagas o subjugam, e o barulho das trombas d'água o ensurdece, o discípulo aprende o significado do "Siga-me" de seu Senhor.

No decorrer de um sermão pregado na St. Paul's Cathedral, alguns anos atrás, sobre "A quádrupla atitude em relação ao sofrimento", o padre Frere disse:

> Eu me pergunto se você já teve de fazer a um cão de estimação algo para curá-lo, algo que doeu muito — arrancou um espinho de seu pé, lavou uma ferida, ou qualquer coisa semelhante. Se isso aconteceu, você se lembrará da expressão de eloquência muda nos olhos do cachorro enquanto ele olhava para você. O que você estava fazendo doía tremendamente, porém os olhos dele pareciam expressar tanta confiança em você como se ele dissesse: "Eu não tenho a mínima ideia do que você está fazendo, o que você está fazendo dói, mas continue".

Essa é uma ilustração adequada do sofrimento "segundo a vontade de Deus". É muito necessário ser levado ao estágio de confiança em nossa experiência de sofrimento. Talvez sejamos levados a ele mais agudamente quando, no caso de alguém que amamos, tivermos de olhar em silêncio para Deus e dizer: "Não entendo coisa alguma, mas continua com o que Tu estás fazendo". Isso assinala um estágio verdadeiro de aprender a confiar em Deus, e é um passo em direção a algo ainda mais à frente. A experiência espiritual começou; o sofrimento já aprofundou a alma.

Os sinais do sofrimento

As pessoas denunciam seu sofrimento de diferentes maneiras: ameaçando e fazendo o mal, ficando mal-humoradas e quietas, ou fazendo o bem ativamente. Quando o coração não conhece a confiança em Deus e o amor pelo Altíssimo, o sofrimento se mostra como ódio rancoroso e más ações. Olhar o sofrimento com olhos que não conhecem a Deus é fazer a boca caluniá-lo. Condoer-se de pessoas que sofrem, sem antes conhecer a Deus, é odiá-lo. Os sarcasmos, os cinismos, as sátiras, as calúnias, os assassinatos, as guerras, os processos judiciais — tudo isso brota dessa fonte e costuma, embora nem sempre, ser sinal de sofrimento que provém da maldade. Quando resumimos a história das diversas civilizações cujos registros estão disponíveis, vemos que ela é composta principalmente por essas formas de sofrimento e somos lembrados da voz do Ancião dos Dias ecoando através das eras: "...em fadigas [em outras versões, "dor" ou "sofrimento"] você obterá dela o sustento durante os dias de sua vida" (GÊNESIS 3:17). Isso é capturado nas reflexões da pessoa mais sábia que já viveu: "Porque todos os seus dias são cheios de dor, e o seu trabalho é desgosto; nem de noite o seu coração descansa..." (ECLESIASTES 2:23); e novamente proferido em relação com o servo de Deus chamado Jó, que continua sendo a encarnação do problema do sofrimento: "Porque a aflição não vem do pó, e o sofrimento não brota do chão. Mas o ser humano nasce para o sofrimento, como as faíscas das brasas voam para cima" (JÓ 5:6-7).

O sofrimento é a herança dos maus, dos penitentes e do Filho de Deus. Cada um termina na cruz. O mau ladrão é crucificado, o ladrão penitente é crucificado e o Filho de Deus é crucificado. Por esses sinais, conhecemos a ampla herança do sofrimento.

Outro sinal de sofrimento é caracterizado por mau humor e quietismo. No sofrimento, há uma indulgência que alimenta o perigoso isolamento do orgulho e produz uma espécie de esfinge humana envolta em mistério, que parece mais profunda do que é. Essa indulgência no sofrimento é preeminentemente covarde e, também, orgulhosa. De acordo com o caráter do indivíduo, ela é taciturna ou sombria em sua expressão ou mística e distante em seu quietismo.

A representação do tipo taciturno é bem expressa na Bíblia: "Também desprezaram a terra aprazível e não deram crédito à palavra de Deus; pelo contrário, murmuraram em suas tendas e não ouviram a voz do SENHOR" (SALMO 106:24-25). E o apóstolo Paulo usa uma frase significativa no mesmo sentido: "...a tristeza do mundo produz morte" (2 CORÍNTIOS 7:10). O resultado final desse tipo de sofrimento é ódio a vidas mais santas — "...toda a congregação disse que Josué e Calebe deviam ser apedrejados..." (NÚMEROS 14:10) —, inveja e murmuração dos mensageiros de Deus — "Tiveram inveja de Moisés, no acampamento, e de Arão, o santo do SENHOR" (SALMO 106:16) — e obstinado desprezo pela Palavra de Deus.

O outro aspecto desse sinal de sofrimento tem caráter e qualidade diferentes, a saber, o quietismo — uma vida que se passa em devaneio e contemplação. Esse tipo de sofrimento era muito comum no cristianismo medieval. Ele produz uma quietude de afastamento e contradiz categoricamente a própria essência do cristianismo. O salmista da antiguidade tentou ser o mais quieto, mas se achou demasiadamente robusto. Tal coisa não funcionaria para ele: "Eu disse comigo mesmo: 'Guardarei os meus caminhos, para não pecar com a língua; porei mordaça à minha boca, enquanto os ímpios estiverem na minha presença'. Emudeci em silêncio, calei a respeito do bem, e a minha dor se agravou. O coração me ardia no peito; enquanto eu meditava, um fogo se acendeu dentro de mim. Então eu disse em voz alta..." (SALMO 39:1-3).

Esse tipo de santidade, assim chamada, é altamente estimado em todas as religiões, mas engendra um pseudomisticismo que, inevitavelmente, termina em iluminações privadas à parte da Palavra escrita e da oração, e na verdade significa "grandes desilusões". O verdadeiro elemento do misticismo evangélico, facilmente distinguível do quietismo, é o mistério de uma vida humana que manifesta visivelmente "a vida de Jesus [...] em [sua] carne mortal" (2 CORÍNTIOS 4:11).

Isso nos leva ao terceiro sinal de sofrimento: fazer o bem ativamente. "Por isso, também os que sofrem segundo a vontade de Deus entreguem a sua alma ao fiel Criador, na prática do bem" (1 PEDRO 4:19). A ideia neotestamentária de um santo não é um indivíduo enclausurado portando uma auréola de glória, mas uma pessoa de caráter santo reagindo à vida em atos de santidade. O nosso Senhor Jesus disse: "Eu sou a videira verdadeira, e meu Pai é o lavrador. Todo ramo que, estando em mim, não der fruto, ele o corta; e todo o que dá fruto ele limpa, para que produza mais fruto ainda" (JOÃO 15:1-2). Aqui, a poda do ramo individual é feita como sinal de fazer o bem.

Quando uma alma experimenta sofrimento causado pelo processo de limpeza e pela tesoura de poda, sabe que está dando frutos. Uma lei sutil, que não devemos perder de vista, é que uma emoção que não reage de maneira adequada encontrará uma saída de maneira imprópria. Quão frequentemente o fervor religioso e a emoção, não encontrando reação em sua esfera adequada, buscaram uma saída em uma forma mais baixa e vil! Quão triste, sórdida e dolorosa é a conexão entre emoções espirituais elevadas e desastre sensual! O apego de qualquer emoção espiritual ao indivíduo é eminentemente perigoso.

Essa linha de pensamento lança uma luz importante sobre o encontro do nosso Senhor com Maria Madalena na manhã da ressurreição. Maria pensou em agarrar-se a Jesus, tê-lo novamente como um companheiro bendito para si mesma, mas Jesus lhe disse: "Não me detenha, porque ainda não subi para o meu Pai. Mas vá até os meus irmãos e diga a eles: 'Subo para o meu Pai e o Pai de vocês, para o meu Deus e o Deus de vocês'" (JOÃO 20:17). Ali, como sempre, a ênfase do Senhor está no fazer, não na contemplação.

A diferença essencial entre o estoico e o santo está exatamente no ponto em que eles mais se assemelham. O Dr. George Matheson indica isso em seu livro *Studies in the Portrait of Christ* (Estudos do retrato de Cristo, em tradução livre). Um estoico vence o mundo pela ausência de paixão; a superação do santo é pela paixão. Esse sofrimento em fazer ativamente o bem resulta em uma bendita e benéfica reação sobre a vida. Como diz Du Bose, em *The Gospel in the Gospels* (O Evangelho nos evangelhos, em tradução livre): "A vida do cristianismo é uma vida de energia infinita por ser uma vida de fé e esperança infinitas".

"Por isso, também os que sofrem segundo a vontade de Deus entreguem a sua alma ao fiel Criador, na prática do bem" (1 PEDRO 4:19). Estar na "vontade de Deus" não é uma questão de discernimento intelectual, e sim um estado do coração. Para uma alma santificada, a vontade de Deus é a sua vida implícita, tão natural quanto respirar. A pessoa doente é quem sabe intelectualmente o que é saúde, e um pecador sabe intelectualmente qual é a vontade de Deus. Porém, um coração santificado é a expressão da vontade de Deus. Seu lema é: "Meu Pai pode fazer o que quiser comigo. Ele pode me abençoar até a morte ou dar-me um cálice amargo; eu me deleito em fazer a Sua vontade".

A soberania de Deus é o maior conforto para o santo, que, sofrendo "segundo a vontade de Deus", entrega "a sua alma ao fiel Criador". A alma do santo santificado está em concordância com Deus. Ele é "descuidado" porque seu Pai cuida. Os propósitos de Deus são as escolhas voluntárias dessa alma. O mistério preeminente nesse pensamento é o mistério da natureza do amor: o santo tem um conhecimento "que excede todo entendimento". Essa verdade jamais é discernida pelos célebres de intelecto, mas exclusivamente pelos puros de coração.

E isso nos leva ao *grand finale* da disciplina do sofrimento: a sublimidade do sofrimento.

A sublimidade do sofrimento

Não é possível definir vida, amor ou sofrimento, visto que as palavras são apenas nomes para elementos incalculáveis da experiência humana, cuja exata essência é implícita, e não explícita. Citando G. K. Chesterton, "Um crítico que adota uma visão científica do livro de Jó é exatamente como um cirurgião que deveria adotar uma visão poética da apendicite; ele é simplesmente um velho 'trapaceiro'".

O sofrimento é grande quando o coração está bem com Deus. Se não houvesse noite, "a lua e as estrelas" (SALMO 8:3) que Ele estabeleceu nunca seriam vistas. E assim Deus concede aos Seus "os tesouros escondidos" (ISAÍAS 45:3).

A sublimidade do sofrimento — isto é, a grandeza, o supremo valor do sofrimento — pode ser vista em três formas gloriosas: Amizade com Deus, Comunhão com Jesus e Liberdade no Altíssimo.

Amizade com Deus

> *Ninguém tem amor maior do que este: de alguém dar a própria vida pelos seus amigos. Vocês são meus amigos se fazem o que eu lhes ordeno.* JOÃO 15:13-14

O relacionamento de uma alma com Jesus Cristo pode ser interpretado de várias maneiras, mas o nosso Senhor parece sugerir que há um fim para o discipulado, um fim para aprender o ritmo: o ponto em que o discípulo emerge como o amigo de Deus. Recordamo-nos como, na aurora dos séculos, "Enoque andou com Deus"; tão fascinantes, tão empolgantes, tão extasiantes eram tais passeios que, certo dia, ele não voltou — "não foi mais visto, porque Deus o levou para junto de si" (GÊNESIS 5:24). Novamente, lemos acerca de Abraão, que tem sido conhecido através dos tempos como o "amigo de Deus", o pai de todos aqueles que se tornaram ou ainda se tornarão amigos de Deus.

Não é possível expressar o que Jesus Cristo fez por nós em melhores palavras do que as do escritor da carta aos Hebreus: "Porque convinha que Deus, por causa de quem e por meio de quem todas as coisas existem, conduzindo muitos filhos à glória, aperfeiçoasse, por meio de sofrimentos, o Autor da salvação deles. Pois, tanto o que santifica como os que são santificados, todos vêm de um só. É por isso que Jesus não se envergonha de chamá-los de irmãos..." (HEBREUS 2:10-11). Ó, indizivelmente bendito é o sofrimento dos santificados que os conduz, passo a passo, a essa sublime amizade com Deus!

Para que você que está sofrendo sob o chamado à suprema santificação não desmaie nem chore, logo o ouvirá dizer: "Não tenha medo [...] eu sou o seu escudo, e lhe darei uma grande recompensa" (GÊNESIS 15:1). Você percebe a majestade, o poder, o temor, a inexprimível satisfação dessas palavras?

> Minha meta é o próprio Deus,
> não alegria, nem paz,
> Nem mesmo bênção, mas Ele mesmo,
> o meu Deus;
> Cabe a Ele me levar até lá,
> não a mim, mas a Ele;

A qualquer custo, amado Senhor,
por qualquer caminho.

FREDERICK BROOK

Ó, que as pessoas não aviltem e menosprezem, por mórbida compaixão introspectiva umas das outras, o que o nosso Senhor Jesus Cristo fez por nós! Quantos de nós podemos ouvi-lo dizer: "Essas coisas eu falei a vocês por meio de figuras. Vem a hora em que não falarei mais por meio de figuras, mas falarei a vocês claramente a respeito do Pai. Naquele dia vocês pedirão em meu nome. E não lhes digo que pedirei ao Pai em favor de vocês, porque o próprio Pai os ama, visto que vocês me amam e creem que eu vim da parte de Deus" (JOÃO 16:25-27). A amizade com Deus não é uma ficção jurídica: é uma realidade no tempo. "Na tua presença há plenitude de alegria, à tua direita, há delícias perpetuamente" (SALMO 16:11).

E tudo isso é nosso pelo puro poder da expiação executada por Jesus, que se entregou por nós para nos purificar e nos recriar, para nos batizar com o Espírito Santo, até que, olhando para nós enquanto caminhamos nesta Terra entre o círculo comum dos seres humanos e suas tarefas, dirá: "Pai, eu fiz isso; eis aqui outra alma". Aquela alma, incandescente com o Espírito Santo, anda e fala com Deus como um amigo fala com o amigo, deixando Deus fazer com ela o que Ele quiser.

Isso, e nada menos e nada mais, constitui o sofrimento dos santificados. Ó, a sublimidade dos sofrimentos dos santificados! Sofrer segundo a vontade de Deus, não tanto

A disciplina do sofrimento | 59

para aperfeiçoamento pessoal, mas para permitir que Deus expresse Suas ideias em nossa vida.

Comunhão com Jesus
A cruz de Jesus Cristo permanece única e exclusiva. A Sua cruz não é a nossa cruz. A nossa cruz é manifestarmos perante o mundo o fato de sermos santificados para fazer nada além da vontade de Deus. Por meio da Sua cruz, a nossa cruz se torna o nosso privilégio divinamente designado. É necessário enfatizar isso por haver, no exterior, muitos sentimentos certos e ensinos errados acerca desse assunto. Nós nunca somos chamados a carregar a cruz de Cristo: ela é o centro do tempo e da eternidade; ela é a resposta aos enigmas de ambos.

"Porque para isto mesmo vocês foram chamados, pois também Cristo sofreu no lugar de vocês, deixando exemplo para que vocês sigam os seus passos" (1 PEDRO 2:21). Essa é a essência da comunhão com os Seus sofrimentos. "Ele sofreu por você." Você está sofrendo por causa de outra pessoa, ou por outra pessoa? Suas orações agonizantes e seus sofrimentos diante do Senhor estão em favor desse "caso angustiante" porque ele dói em você, incomoda, fazendo-o ansiar por libertação? Se assim for, você não está em comunhão com os sofrimentos de Cristo nem algo semelhante. Porém, se, por amor a Deus, a sua alma anseia pelos outros e os suporta de maneira voluntária e vicária, você tem, de fato, uma comunhão divina.

Agora me alegro nos meus sofrimentos por vocês e preencho o que resta das aflições de Cristo, na

minha carne, a favor do seu corpo, que é a igreja.
COLOSSENSES 1:24

Porque, assim como transbordam sobre nós os sofrimentos de Cristo, assim também por meio de Cristo transborda o nosso consolo. 2 CORÍNTIOS 1:5

O que eu quero é conhecer Cristo e o poder da sua ressurreição, tomar parte nos seus sofrimentos e me tornar como ele na sua morte. FILIPENSES 3:10

Essa comunhão com os Seus sofrimentos é um mistério compreendido somente pelo santo. Porém, nem todo sofrimento leva a essa sublime comunhão. Sofrer devido ao ódio de outras pessoas, ser separado da companhia delas, ser repreendido pela sociedade, ser considerado como tendo má fama não é necessariamente ter comunhão com os sofrimentos de Cristo. Só temos comunhão com Ele se sofremos "por causa do Filho do Homem" (LUCAS 6:22). Sofrer martírio, perder a vida, deixar pai e mãe, casas e terras é ter comunhão com os Seus sofrimentos somente quando isso é feito por causa dele e por Ele.

Isso reduz as fileiras dos sofredores que afirmam ter comunhão com Jesus, e nos humilha até o pó. Beber do cálice, ser batizado com o Seu batismo, é algo tão raro que poucos de nós o vemos ou fazemos.

Você iniciou o caminho solitário com Ele e o clamor de pai ou mãe o fez vacilar? Ou o amor por eles se torna insignificante diante do seu amor por Cristo? O seu cônjuge procura impedi-lo de seguir o seu caminho por Ele? Ou, naquele momento supremo, o seu amor por Jesus aumenta tanto que o seu amor pelo seu cônjuge parece, comparativamente, ódio? Os dedinhos de seus filhos o fizeram voltar a sua cabeça para a Terra novamente? Ou o seu amor por Ele prevaleceu e, entregando-os — ossos dos seus ossos e carne da sua carne — a Deus, você foi em frente? Irmãos e irmãs feriram e escandalizaram você, o envergonharam pela justa indignação deles? Ou o amor por Cristo prevaleceu até mesmo sobre isso? O cultivo de si mesmo impediu o seu caminho solitário com Ele? Ou o amor por Ele foi tão apaixonado que você não ama a sua própria vida? Então, você se tornou, de fato, um discípulo de Jesus.

Tudo isso ainda não é comunhão com os Seus sofrimentos; é a primeira lição aprendida para tal comunhão: "Se alguém vem a mim e não me ama mais do que ama o seu pai, a sua mãe, a sua mulher, os seus filhos, os seus irmãos, as suas irmãs e até a sua própria vida, não pode ser meu discípulo" (LUCAS 14:26). "Isto escandaliza vocês? [...] Diante disso, muitos dos seus discípulos o abandonaram e já não andavam com ele. Então Jesus perguntou aos doze: — Será que vocês também querem se retirar?" (JOÃO 6:61, 66-67).

Ó, a sublimidade do sofrimento que nos faz ter comunhão com Jesus!

> Abandonar tudo, despojar-se de tudo, para
> buscar e seguir a Jesus Cristo nu até Belém, onde
> Ele nasceu, nu até o salão onde Ele foi flagelado
> e nu até o Calvário onde Ele morreu na cruz,
> é tão grande mistério que nem a coisa nem o

conhecimento dela são dados a pessoa alguma senão pela fé no Filho de Deus.

JOHN WESLEY

Onde quer que isso o encontre, minha amada irmã ou meu amado irmão, você é capaz de ouvir, pelo menos na imaginação, o nosso Senhor dizer a você no fim, sabendo de tudo: "Muito bem, servo bom e fiel" (MATEUS 25:21)?

Liberdade no Altíssimo

Liberdade é aquela vida implícita que cumpre toda a lei de Deus e converte o desempenho em amorosa devoção. Ó, quão sublime é essa liberdade no Altíssimo, tendo o sofrimento nos libertado de nós mesmos, de nossas convicções e de nossos temperamentos, e tendo nós percebido que "a nossa comunhão é com o Pai e com o seu Filho, Jesus Cristo" (1 JOÃO 1:3)!

Que seja dito com reverência, até mesmo com a respiração suspensa e na mais profunda humildade, que o sofrimento "segundo a vontade de Deus" nos eleva a uma liberdade e alegria no Altíssimo que a nossa linguagem é incapaz de expressar. Como sempre, a única linguagem suficiente é a linguagem das Escrituras:

Se alguém me ama, guardará a minha palavra; e o meu Pai o amará, e viremos para ele e faremos nele morada. JOÃO 14:23

Se alguém ouvir a minha voz e abrir a porta, entrarei em sua casa e cearei com ele, e ele, comigo. APOCALIPSE 3:20

Esse é o epítome da liberdade e felicidade. Ele reflete o incompreensível mistério da permanência da Trindade em toda alma sofredora elevada à sublimidade da comunhão.

Se, pois, o Filho os libertar, vocês serão verdadeiramente livres. JOÃO 8:36

Desejo muito a sua sombra e debaixo dela me assento, e o seu fruto é doce ao meu paladar. Ele me levou à sala do banquete, e o seu estandarte sobre mim é o amor. Cântico dos CÂNTICOS 2:3-4

Hoje preciso ficar na sua casa. LUCAS 19:5

Você conhece a indizível felicidade de o Pai, o Filho e o Espírito Santo habitando com você, banqueteando com você e tornando-o um com eles? Essa é a sublime altura do sofrimento "segundo a vontade de Deus".

Certamente, contemplamos agora o mistério da piedade. Não é de admirar que "anjos [desejem] contemplar" essas coisas (1 PEDRO 1:12). Um pobre pecador inclinado ao mal é purificado, salvo e totalmente santificado, andando como amigo de Deus, em comunhão com o Senhor em sofrimento, e a Trindade habitando nele como companheira em todos os dias, horas e momentos. Essa é realmente uma altura da qual a alma pode olhar para as profundezas da dor sofridas pelo nosso Salvador e santificador para nos elevar até lá. Isso nos dá uma chave para compreender a vergonha e a agonia, o julgamento simulado, a crucificação, a ressurreição, a ascensão e o Pentecostes.

Não é de admirar que o apóstolo Paulo ore "ao Deus de nosso Senhor Jesus Cristo, o Pai da glória, que conceda a vocês espírito de sabedoria e de revelação no pleno conhecimento dele [...] que ele ilumine os olhos do coração de vocês, para que saibam qual é a esperança da vocação de vocês, qual é a riqueza da glória da sua herança nos santos..." (EFÉSIOS 1:17-18). Essa é a esperança do *Seu* chamado; nós somos parte da glória da *Sua* herança. Isso revela ao nosso coração uma compreensão da grande oração do nosso Senhor "para que sejam um, como nós o somos" (JOÃO 17:22). Um em santidade, um em amor, um eternamente com Deus Pai, Deus Filho e Deus Espírito Santo.

Porém, maravilha das maravilhas, o sinal exterior e visível da sublimidade da amizade, comunhão e liberdade no Altíssimo está em ser o servo mais humilde de todos: "Tenham entre vocês o mesmo modo de pensar de Cristo Jesus, que, mesmo existindo na forma de Deus, não considerou o ser igual a Deus algo que deveria ser retido a qualquer custo. Pelo contrário, ele se esvaziou, assumindo a forma de servo, tornando-se semelhante aos seres humanos..." (FILIPENSES 2:5-7). "Nisto todos conhecerão que vocês são meus discípulos..." (JOÃO 13:35).

É algo estranho e único que, nessa hierarquia de sofrimento, os mais próximos do trono sejam, voluntária e ansiosamente, os mais humildes; e o próprio Rei é o Servo de todos: "...no meio de vocês, eu sou como quem serve" (LUCAS 22:27).

Produzir um santo é a coisa mais grandiosa que a Terra pode conceder ao Céu. Um santo não é uma pessoa com caráter santo; um santo *é* um caráter santo. Caráter, não humores extáticos, é a matéria da santidade.

Um santo é uma epístola viva escrita pelo dedo de Deus, conhecida e lida por todas as pessoas. Um santo pode ser qualquer pessoa, qualquer vadio ou errante que, descobrindo-se no Calvário, com a natureza do pecado desvelada, jaz em desespero; então, discernindo Jesus Cristo como o substituto do pecado e levantando-se surpreso, brada: "Jesus, *eu* deveria estar aí". E, para seu espírito atônito, ele recebe justificação de toda a sua pecaminosidade por essa maravilhosa expiação. Então, de pé naquela grande luz e colocando suas mãos, por assim dizer, sobre as mãos crucificadas do seu Salvador, seus pés sobre os Seus pés crucificados, ele crucifica para sempre o seu direito a si mesmo. E o Senhor o batiza com o Espírito Santo e fogo (VEJA MATEUS 3:11), substituindo tudo nele por um novo princípio de vida, uma identidade de santidade consigo mesmo, até ele ter inequivocamente uma semelhança familiar com Jesus Cristo.

Capítulo 3

A DISCIPLINA DO PERIGO[1]

Quando vocês ouvirem falar de guerras e revoluções, não fiquem assustados; pois é necessário que primeiro aconteçam estas coisas, mas o fim não será logo. LUCAS 21:9

O nosso Senhor fala repetidamente sobre perigo e desastre, e nós fechamos deliberadamente os nossos olhos, coração e mente para isso! Então, quando tais coisas acontecem, se é que conseguimos pensar, estamos no limite do nosso juízo — não sabemos o que pensar delas.

---

[1] Estas mensagens foram proferidas por Oswald Chambers em 1914 e 1915, durante o primeiro ano da Primeira Guerra Mundial, quando a incerteza e o medo tomaram conta da Grã-Bretanha. Milhares de homens estavam sendo enviados às trincheiras na França, enquanto listas cada vez maiores de mortos e feridos apareciam diariamente nos jornais. Chambers estava falando a pessoas amedrontadas que enfrentavam uma ameaça muito real de perigo pessoal e nacional.

Jesus disse: "...estou falando essas coisas para que, quando chegar a hora, vocês se lembrem de que eu já tinha dito isto para vocês" (JOÃO 16:4).

Atualmente, está na boca do povo esta pergunta: "A guerra é do diabo ou é de Deus?". Ela não é de nenhum dos dois: é da humanidade, embora Deus e o diabo estejam por trás dela. A guerra é um conflito de vontades, seja em indivíduos ou em nações, e neste momento há um terrível conflito de vontades nas nações. Se eu não puder impor a outras pessoas a minha vontade pela diplomacia, o último recurso é a guerra e sempre será, até que Jesus Cristo traga o Seu reino.

A inevitabilidade do perigo

"Guerras e revoluções [...] é necessário que primeiro aconteçam estas coisas..."

O nosso Senhor insiste na inevitabilidade do perigo. Ao longo de Suas conversas com Seus discípulos, sem pânico e sem medo, Ele basicamente dizia: "Vocês precisam estar preparados para lidar com esse tipo de coisa — guerra, rancor, ódio, ciúme, desprezo, banimento e morte. Eu digo isso para que, quando acontecerem, vocês se lembrem do que eu disse e não se assustem".

Já percebemos que o pior terá de acontecer? Contudo, Jesus diz: "Quando vocês ouvirem falar de guerras e revoluções, não fiquem assustados". Não estamos apenas ouvindo falar de guerras e revoluções: elas estão aqui e agora. Não é imaginação; não são notícias de jornal. Essas coisas existem; não há como fugir delas.

Jesus Cristo não disse: "Vocês entenderão por que a guerra veio", mas sim: "Não tenham medo. Não entrem em pânico".

É surpreendente como ignoramos o que Jesus Cristo nos fala. Ele diz que as nações terminarão em guerra, derramamento de sangue e destruição; porém, ignoramos o que Ele afirma e, quando a guerra chega, perdemos a fé em Deus; perdemos o juízo e demonstramos pânico. A base do pânico é sempre a covardia.

O impulso do pânico

"Não fiquem assustados..."

Há algo pior do que a guerra: o pecado. Aquilo que nos assusta não assusta a Deus. Nós ficamos tremendamente assustados quando a nossa ordem social é rompida, e é de se assustar mesmo. Ficamos aterrorizados com centenas de pessoas sendo mortas, mas nos esquecemos de que há algo pior: vidas pecaminosas e iníquas sendo vividas, dia após dia, ano após ano, em nossas vilas e cidades — pessoas sem qualquer traço de pureza em sua vida moral. Isso é pior.

Em tempos de paz e civilidade, quantos de nós se incomodam minimamente com o estado do coração das pessoas em relação a Deus? Entretanto, essas são as coisas que produzem dor no coração de Deus, não as guerras e a devastação que tanto nos perturbam. A alma humana é tão misteriosa que, no momento de uma grande tragédia, as pessoas se deparam com coisas às quais nunca haviam dado atenção antes e, no momento da morte, é extraordinário o que acontece no coração humano em relação a Deus.

...não se irrite; certamente isso acabará mal.
SALMO 37:8

O nosso Senhor nos ensina a enfrentar as coisas cara a cara e diz: "Quando vocês ouvirem falar de guerras e revoluções, não fiquem assustados". Ficar assustado é a coisa mais natural do mundo; não há coração natural de homem ou mulher que não se assuste com essas coisas, e a evidência de que a graça de Deus está operando entre nós é não ficarmos aterrorizados.

A nossa atitude precisa ser: "Pai, eu não sei o que essas coisas querem dizer. Parecem fome e angústia, mas Tu disseste: 'Não fiquem assustados', então, não ficarei; e disseste também: 'Que o coração de vocês não fique atemorizado', então, eu não deixarei isso acontecer e deposito a minha confiança em ti". Esse é o verdadeiro testemunho.

É muito fácil confiar em Deus quando não há dificuldade, mas isso não é confiança alguma. É simplesmente deixar a mente descansar em um estado de espírito complacente. Porém, quando há doença na casa, quando há problemas, quando há morte, onde está a nossa confiança em Deus? A evidência mais clara de que a graça de Deus está agindo em nosso coração é não entrarmos em pânico.

Decoro cristão

> *Tenham cuidado para não acontecer que o coração de vocês fique sobrecarregado com as consequências da orgia, da embriaguez e das preocupações deste mundo, e para que aquele dia não venha sobre vocês repentinamente, como uma armadilha. Pois sobrevirá a todos os que vivem sobre a face de toda a terra. Portanto, vigiem o tempo todo, orando, para que vocês possam escapar de todas essas coisas que têm de acontecer...* LUCAS 21:34-36

O decoro é uma "conduta compatível com o mais elevado padrão reconhecido". Nesses versículos, o nosso Senhor descreve o caráter da conduta cristã na confusão encontrada no fim desta dispensação, isto é, no tempo em que vivemos.

No versículo 34, o nosso Senhor alerta contra as sutilezas dos prazeres. No versículo 35, Ele descreve a armadilha da guerra e da confusão como inevitável. E, no versículo 36, insta os cristãos a manterem vigorosamente a sua integridade.

As sutilezas dos prazeres

> *Tenham cuidado para não acontecer que o coração de vocês fique sobrecarregado com as consequências da orgia, da embriaguez e das preocupações deste mundo, e para que aquele dia não venha sobre vocês repentinamente...* v.34

A coisa mais surpreendente acerca desse versículo é o Senhor ter considerado necessário advertir os cristãos contra buscarem distração por meio de excessos ou embriaguez em tempos de confusão. Esse versículo é também uma indicação de como o nosso Senhor não permitirá que os cristãos edifiquem sua conduta sobre suposições baseadas em ignorância inocente, senão apenas na revelação de fatos que Ele mesmo concede. Por exemplo, poderíamos ter certeza de que não teríamos probabilidade alguma de buscar distração dessas maneiras, mas o nosso Senhor exorta: "Tenham cuidado para não acontecer...".

Embora o nosso Senhor fale de distração que, nos seus estados finais, se torna orgia e embriaguez, precisamos nos lembrar de que Ele condena a distração em seus estágios iniciais. O começo da orgia é a indiferença às condições presentes — indiferença que se manifesta na entrega aos prazeres. Precisamos tomar cuidado para, nas calamidades, quando guerra, devastação e aflição estiverem espalhadas pelo mundo, não nos fecharmos em um mundo próprio e ignorarmos o pedido feito a nós pelo nosso Senhor e pelo nosso próximo para que os sirvamos com oração intercessória, hospitalidade e cuidados.

Isso vale também para o excesso da embriaguez e dos cuidados desta vida. Um cristão precisa cuidar para que seu interesse em suas posses não o prenda tão fortemente que ele se distraia de Deus.

O nosso Senhor diz que, se não prestarmos atenção a essas coisas, aquele dia virá sobre nós inesperadamente e nos veremos em pânico. Esse é um pecado que precisa ser confessado e colocado aos pés do nosso Senhor, com a determinação de seguir um curso decoroso, conforme o padrão de Deus para Seus santos.

A armadilha do inevitável

>...*como uma armadilha. Pois sobrevirá a todos os que vivem sobre a face de toda a terra...* v.35

O versículo 35 afirma que a chegada repentina desse dia de confusão enlaçará o mundo inteiro. Isso não é afirmado como uma probabilidade, e sim como uma certeza inevitável. Os cristãos são aconselhados pelo nosso Senhor a estarem preparados para lidar com o inevitável. A civilização e suas comodidades enredam e devastam no tempo em que vivemos; se nós, por prazer não espiritual, vivemos nossa vida nas coisas exteriores, seremos pegos por essa crise e levados a um torvelinho de confusão.

Considerar que há segurança nos números gera uma falsa sensação de segurança. Nesse versículo, o nosso Senhor afirma que a consternação "sobrevirá a todos os que vivem sobre a face de toda a terra", de modo que, em vez de garantirem uma segurança, os números provam um elemento adicional de terror. Estamos atentos e preparados para essas severas certezas ou, como cristãos, estamos nos entregando à paixão de qualquer falsa segurança?

O esforço pela integridade

Portanto, vigiem o tempo todo, orando, para que vocês possam escapar de todas essas coisas que têm de acontecer... v.36

O que chama a atenção nas palavras do versículo acima é que o escapar não é uma dádiva gratuita de Deus, mas o resultado de integridade cristã. Esse versículo é positivo em seu conselho, assim como os outros versículos em suas ordenanças. O conselho é manter-se acordado e orar. O nosso Senhor considera adequado nos aconselhar a orar em tempos de conflito, quando o bom-senso prático colocaria, em primeiro lugar, o agir ativamente; isso revela quão totalmente diferentes do nosso Senhor são os conceitos da sociedade. A oração parece adequada a homens e mulheres idosos e a jovens sentimentais, mas, para todas as outras pessoas, pode ser considerada uma fraqueza religiosa.

Muitas coisas na mente dos cristãos ainda não foram levadas cativas à obediência de Cristo. O nosso Senhor diz que a oração é sempre respondida corretamente por Deus; não é de admirar que tenhamos de nos manter acordados e orar, visto que milhares de pessoas estão sendo lançadas para a eternidade nesta época. Países estão devastados; cidades, sendo saqueadas; o comércio está paralisado; centenas estão falidos; milhões, sem trabalho; inúmeras casas estão destruídas e em ruínas... Estamos nos mantendo acordados e orando?

Quando o véu for levantado, descobriremos que a conduta decorosa da oração forjou as coisas de Deus em outras pessoas. Mantenhamo-nos acordados e reajustemo-nos ao conselho do nosso Senhor. Ele aconselha os Seus filhos a ficarem alertas, a serem puros; a não cederem à tentação do pânico, à falsa emoção, ao ganho ilegítimo ou a um covarde sentimento fútil. Nunca podemos estar onde não estamos. Estamos exatamente onde estamos. Mantenhamo-nos alertas e oremos nesse lugar, por amor a Ele. Então, diz o nosso Senhor, seremos considerados dignos de escapar de todas essas coisas que acontecerão e de estar diante do Filho do Homem; não mentir, nem rastejar, nem chorar, e sim ficar de pé, na plena integridade da masculinidade e feminilidade cristã diante do Filho do Homem.

O decoro da conduta cristã não é a aderência consistente a um mero princípio de paz, e sim a fidelidade a Jesus Cristo. Cessemos todos os lamentos fúteis que se expressam em declarações como: "A guerra não deveria existir". A guerra *existe*, e não devemos desperdiçar o nosso tempo ou o do nosso Senhor dando lugar a brados de injúria a favor de ou contra alguém ou alguma coisa. Logo, "[destruindo] raciocínios falaciosos e toda arrogância que se levanta contra o conhecimento de Deus" (2 CORÍNTIOS 10:4-5) em relação a nós mesmos, encaremos a vida como ela é, não como achamos que ela deveria ser, pois ela jamais será o que deveria ser enquanto o reino deste mundo não se tornar o reino do nosso Senhor e do Seu Cristo.

Preparemos nossa mente para agir, vigiar e ser sóbrios (VEJA 1 PEDRO 1:13), e nos comportemos com o decoro daqueles que buscam o seu Senhor.

Os sentidos sobrecarregados

Desde os confins da terra clamo por ti, no abatimento do meu coração... SALMO 61:2

Atualmente, os sentimentos de espanto, fardo e perplexidade acossam muitas mentes. Embora o coração permaneça forte em sua confiança em Deus, os sentidos estão sobrecarregados de perplexidade e apreensão. Seremos sábios se deixarmos essas coisas nos levarem à "rocha mais alta do que [nós]" (SALMO 61:2 NVI).

Coisas incríveis acontecem de fato

Nem os reis da terra, nem todos os moradores do mundo acreditavam que o adversário ou inimigo pudesse entrar pelos portões de Jerusalém.
LAMENTAÇÕES 4:12

Tende a repetir-se atualmente o antigo perigo de uma orgulhosa arrogância gerada pela confiança intelectual na Palavra profética de Deus, independentemente da condição do coração. Deus não tem favoritos fora da fidelidade. A Sua ordem é o início e o fim; Sua vontade permissiva é o meio. Os propósitos eternos de Deus serão cumpridos, mas a Sua vontade permissiva permite que Satanás, o pecado e os conflitos produzam todos os tipos de equívocos e falsas confianças até todos nós, tanto individual quanto coletivamente, percebermos que a Sua ordem é a melhor. É possível construir uma falsa segurança, como Israel e Judá fizeram na antiguidade, baseada na própria Palavra profética de Deus, mas que ignora a pureza de coração e a humildade diante dele.

A destruição de uma certa classe de estudantes proféticos é declarada pelo nosso Senhor: "Muitos, naquele dia, vão me dizer: 'Senhor, Senhor, nós não profetizamos em seu nome?' [...] Então lhes direi claramente: 'Eu nunca conheci vocês...'" (MATEUS 7:22-23). Não é que o que eles profetizaram não fosse verdade, mas não foram palavras ditas por pessoas cujo coração fora regenerado pelo Espírito de Deus. A antiga cidade de Jerusalém permanece para sempre como o símbolo da paixão destrutiva baseada na Palavra de Deus, enquanto a Palavra de Deus só é interpretada e cumprida em corações e vidas regenerados.

Não há caminho de volta para o ontem

> ...não achou lugar de arrependimento, embora, com lágrimas, o tivesse buscado. HEBREUS 12:17

Há coisas que são irreparáveis. Somente Deus não tem um passado irreparável. Nós somos libertos do pecado pelo nosso Senhor Jesus Cristo, mas apenas Ele é sem pecado; jamais poderemos ser como se não tivéssemos pecado. Os portões do Paraíso foram irreparavelmente fechados para Adão e Eva, e eles nunca mais entraram ali (VEJA APOCALIPSE 2:7). "Os anos que foram consumidos pelos gafanhotos" (JOEL 2:25) serão restituídos, mas apenas para uma comunidade regenerada.

O coração não regenerado nunca consegue reconhecer o governo de Deus: "...se alguém não nascer de novo, não pode ver o Reino de Deus" (JOÃO 3:3). Embora a revelação do reino possa ser a palavra-chave para o ensinamento do nosso Senhor, a palavra-chave para a única vida à qual esse ensinamento se aplica é a cruz. Jesus não disse aos discípulos que, pela interpretação da profecia, todos seriam atraídos a Deus, mas sim "eu, quando for levantado da terra, atrairei todos a mim" (JOÃO 12:32).

"Quando vocês levantarem o Filho do Homem, então saberão que EU SOU e que nada faço por mim mesmo; mas falo como o Pai me ensinou" (JOÃO 8:28).

A segurança menosprezada

> *Quando Jesus ia chegando a Jerusalém, vendo a cidade, chorou por ela, dizendo: — Ah! Se você soubesse, ainda hoje, o que é preciso para conseguir a paz! Mas isto está agora oculto aos seus olhos [...] porque você não reconheceu o tempo em que Deus veio visitá-la.* LUCAS 19:41-42,44

Jerusalém e Jesus! Que contraste! Com que atônito olhar de desprezo os poderes pessoais de Jerusalém confrontaram Jesus, o desprezado e rejeitado! Contudo, Ele era a paz deles para o tempo e a eternidade, e todas as coisas que lhes traziam a paz estavam ligadas a Jesus. Ele disse aos Seus discípulos: "Falei essas coisas para que em mim vocês tenham paz. No mundo, vocês passam por aflições; mas tenham coragem: eu venci o mundo" (JOÃO 16:33).

Os paralelos da segurança menosprezada podem ser muitos, mas o nosso objetivo aqui é mais pessoal. Estamos menosprezando a nossa própria segurança? É fácil fazer isso. Assim como as nações depositam sua confiança de segurança em armamentos ou arbitração (conforme o capricho) e negligenciam a adoração a Deus como a única segurança, os indivíduos podem facilmente depositar confiança nas comodidades sociais, em trincheiras civilizadas, em um bom lar e uma boa situação financeira e menosprezar a segurança permanente — *em Deus*!

Ser indiferente às reivindicações do nosso Senhor é menosprezar a nossa segurança e permanecer enfatuados ou enganados por uma falsa segurança, da qual algum dia será tarde demais para sermos libertos.

Despertem! Agora é tarde demais para lamentar os dias e anos em que vocês não vigiaram com o seu Senhor, mas acordem agora!

O ponto cego

> ...*isto está agora oculto aos seus olhos [...] porque você não reconheceu o tempo em que Deus veio visitá-la.* vv.42,44

Os poderes pessoais de Jerusalém estavam cegados por seus preconceitos. Ali, entre eles, estava o Deus encarnado, uma visitação do próprio Deus, mas o orgulho, a arrogância e a autossuficiência os cegaram, e eles não o enxergaram. Eles o chamaram de "glutão e bebedor de vinho" (MATEUS 11:19), de pecador e de samaritano; eles disseram que Ele estava "fora de si" e que estava possuído por demônios, e essa cegueira fatal decorreu meramente de não quererem ver certas coisas.

Um perigo imediato é aplicar tudo isso aos outros, observando o ponto cego na visão deles. Porém, o nosso objetivo precisa ser cuidar de nós mesmos para não termos um ponto cego, algum ponto de obstinação obtusa que, lentamente, tenha se transformado em um ponto cego no qual nós também não podemos ver o dia da nossa visitação, o dia em que Deus estiver nos visitando. De fato, apliquemos isto pessoalmente: Eu tenho um ponto cego? Sou propositalmente obstinado sempre que ouço alguém testificar da libertação do pecado, do batismo do Espírito Santo ou das surpreendentes coisas positivas que acontecem quando Deus é visto?

O sentimento bendito

> Eis que a casa de vocês ficará deserta. Pois eu lhes afirmo que, desde agora, não me verão mais, até que venham a dizer: "Bendito o que vem em nome do Senhor!". MATEUS 23:38-39

É tarde demais para lamentar de maneira fútil os dias de pecado, orgulho e interesse próprio. Assim como é certo que desolação, destruição e miséria virão no rastro da guerra, também é certo que desolação e destruição estão em sua vida devido ao pecado. Contudo, que dia de regozijo será quando você disser: "Bendito o que vem em nome do Senhor!".

Por que não se curvar agora sob a poderosa mão de Deus, em um sentimento de humildade pelo pecado confessado, para que, onde abundou o pecado, Ele possa fazer superabundar a graça? Que Deus apresse o dia em que "o reino do mundo se [tornará] de nosso Senhor e do seu Cristo..." (APOCALIPSE 11:15).

Aptidão

Estou crucificado com Cristo; logo, já não sou eu quem vive, mas Cristo vive em mim. E esse viver que agora tenho na carne, vivo pela fé no Filho de Deus, que me amou e se entregou por mim.
GÁLATAS 2:19-20

Nesse versículo, há três coisas acerca de aptidão pessoal para o que o Senhor requer de nós, todas repletas de importância individual premente.

1. A vida renunciada — "Estou crucificado com Cristo".
2. A vida distinta — "Já não sou eu quem vive, mas Cristo vive em mim".
3. A vida extinta — "Esse viver que agora tenho na carne, vivo pela fé no Filho de Deus, que me amou e se entregou por mim".

Esses são três aspectos do grande e único tema da identificação pessoal com o nosso Senhor.

A vida renunciada: aptidão para voar

Estou crucificado com Cristo.

Ninguém jamais estará unido ao Senhor Jesus Cristo enquanto não estiver disposto a renunciar toda a vida que tinha antes. Isso significa não apenas renunciar ao pecado, e sim toda a maneira de ver as coisas. Nascer do alto pelo Espírito de Deus significa que precisamos abrir mão antes de possuir alguma coisa.

Nos primeiros estágios, trata-se de uma renúncia à pretensão. O que o nosso Senhor Jesus Cristo deseja que apresentemos a Ele não é a nossa bondade, ou a nossa honestidade, ou o nosso esforço, mas o nosso verdadeiro pecado. "Aquele que não conheceu pecado, Deus o fez pecado por nós..." — e o que Ele dá em troca do nosso pecado? A Sua justiça — "...para que, nele, fôssemos feitos justiça de Deus" (2 CORÍNTIOS 5:21). Porém, precisamos abdicar de toda pretensão de ser, de algum modo, dignos da consideração de Deus. Esse é o significado de convicção de pecado.

Uma palavra a quem foi vivificado pelo Espírito de Deus e introduzido em Seu reino, a quem teve seus olhos abertos e conhece algo do que o nosso Senhor disse a Nicodemos: "...se alguém não nascer de novo, não pode ver o Reino de Deus" (JOÃO 3:3). Se pudermos dizer: "Eu fui vivificado pelo Espírito e percebo o governo de Deus", o Espírito de Deus mostrará o que mais há em nós a ser renunciado. Precisa haver uma renúncia ao meu direito a mim mesmo em todas as suas fases e condições. Estou disposto a renunciar o meu controle sobre a minha vida, o meu controle sobre tudo que possuo, o meu controle sobre todas as minhas afeições, o meu controle sobre tudo? Estou disposto a ser filho de Deus e estar tão identificado com a morte do Senhor Jesus Cristo a ponto de saber que também fui crucificado com Ele?

Poderemos passar por uma desilusão aguda e dolorosa antes de renunciarmos. Quando uma pessoa se vê realmente como o Senhor Jesus Cristo a enxerga, não são os abomináveis pecados sociais da carne que a chocam, mas sim a terrível natureza do orgulho de seu próprio coração contra o Senhor Jesus Cristo: a vergonha, o horror, a desesperada convicção que surge quando nos enxergamos à luz de Jesus Cristo conforme o Espírito de Deus revela Cristo a nós. Essa é a verdadeira dádiva do arrependimento e seu real significado.

Você está enganando a sua própria alma por meio de uma compreensão intelectual da verdade profética de Deus enquanto é perfeitamente incapaz (na vida moral, na vida espiritual e na vida doméstica) de encontrá-lo? O Senhor conceda que hoje o Espírito de Deus venha a você e a mim e nos faça saber se estamos vivendo essa vida de renúncia.

Para voarmos, as coisas que impediriam isso não devem ter controle algum sobre nós. Luxúrias da carne, desejos da mente, posses — tudo precisa ir embora. Se temos vivido na abundância das coisas que possuímos, se elas têm sido o nosso refúgio, não temos vivido a vida escondidos com Cristo em Deus. Graças a Deus, Ele ainda deixa o Seu poderoso, vencedor e persuasivo Espírito conosco. "Estou crucificado com Cristo" é uma experiência pessoal definitiva e verdadeira.

A vida distinta: aptidão para lutar

Já não sou eu quem vive, mas Cristo vive em mim.

Essa vida tem características marcantes inteiramente próprias. Ao escrever: "Já não sou eu quem vive, mas Cristo vive em mim" (GÁLATAS 2:20), Paulo está afirmando que a vida de renúncia o identificou com o seu Senhor e, agora, todo o grande poder de Deus o está distinguindo como uma pessoa diferente do que era antes. Ele não odeia o que costumava odiar; ele costumava perseguir e desprezar os seguidores de Jesus Cristo, mas não os despreza mais, e não apenas não os despreza, como também se identifica com eles e com o Senhor deles.

Depois do Pentecostes, aqueles que viram e ouviram os discípulos "reconheceram que eles haviam estado com Jesus" (ATOS 4:13). Eles viram nos discípulos a forte e distinta semelhança de família e a identificaram imediatamente como o Senhor Jesus Cristo.

Uma grande característica no viver de uma pessoa cuja vida está escondida com Cristo em Deus é que ela recebeu a dádiva concedida por Jesus Cristo. Que dádiva Jesus Cristo concede a quem se identifica com Ele? A dádiva que Seu Pai lhe deu: o Pai lhe deu a Cruz, e Ele nos dá a nossa cruz. "Se alguém quer vir após mim, negue a si mesmo, tome a sua cruz e siga-me." (MATEUS 16:24). Que ele renuncie — abra mão de seus direitos a si mesmo — sendo distinguido por uma coisa: "vocês não sabem que [...] não pertencem a vocês mesmos? Porque vocês foram comprados por preço..." (1 CORÍNTIOS 6:19-20).

A vida distinta significa o cumprimento prático de Mateus 11:29: "Tomem sobre vocês o meu jugo e aprendam de mim, porque sou manso e humilde de coração...". Somos nós distinguidos como aqueles em quem Cristo vive, enfrentando as coisas como Ele enfrentou? Se assim for, estamos aptos a voar, a lutar e a seguir.

A vida extinta: aptidão para seguir

Esse viver que agora tenho na carne, vivo pela fé no Filho de Deus, que me amou e se entregou por mim.

Não existe mais a antiga disposição manifestada neste homem, o apóstolo Paulo. Nenhuma disposição de "Saulo de Tarso" é manifesta, pois foi extinta. A antiga maneira de raciocinar morreu de uma vez! O que se manifesta agora, diz Paulo, é a "fé no Filho de Deus".

Você se lembra de que esse homem disse: "...Deus, que me separou antes de eu nascer e me chamou pela sua graça, achou por bem revelar seu Filho em mim..." (GÁLATAS 1:15-16)? A característica manifestada é a fé no Filho de Deus, o Senhor Jesus Cristo, vendo o pleno propósito e significado de Sua própria vida agindo por intermédio do apóstolo Paulo. Essa é a mensagem prática, clara e direta de Deus ao seu coração e ao meu hoje — uma perfeita aptidão pela maravilhosa redenção, efetuada pelo nosso Senhor Jesus Cristo, sendo realizada em nós à medida que renunciamos a tudo.

Você descobrirá que as crises supremas de sua vida são sempre questões de "desejo". *Desejo* renunciar? *Desejo* abandonar? Não é que Deus não nos torne aptos; é que Ele não o pode. Deus não pode nos tornar aptos a encontrá-lo nos ares se não estivermos dispostos a permitir que Ele o faça. Ele não pode nos tornar habitação adequada de Seu Filho se não estivermos dispostos, porque Ele quer filhos e filhas. Se você está enfrentando uma crise, vá em frente, renuncie a tudo e permita que Ele o torne apto para tudo que Ele requer de você neste dia.

Primeiro e último

> *Eu sou o caminho, a verdade e a vida. Ninguém vem ao Pai senão por mim.* JOÃO 14:6

A exclamação de desalento do discípulo Tomé — "Não sabemos para onde o Senhor vai. Como podemos saber o caminho?" (JOÃO 14:5) — é a linguagem de muitos corações do nosso tempo. E, se todos os santos e todos os que sofrem e estão tristes apenas ouvissem a resposta do nosso Senhor, todos seríamos encorajados e nos regozijaríamos na força do Senhor.

O caminho

Primeiramente, o nosso Senhor disse: "Eu sou o caminho". Não o caminho para alguém ou alguma coisa; Ele não é uma estrada que deixamos para trás; Ele é o caminho para o Pai e em quem permanecemos (VEJA JOÃO 15:4). Ele não *era* o caminho, mas, sim, Ele *é* o caminho, e não há maneira de viver na paternidade de Deus exceto vivendo em Cristo.

Quem quer que se encontre em Cristo encontra a vida. O caminho para o Pai não é pela Lei, nem por obediência ou credo, e sim pelo próprio Jesus Cristo. Ele é o caminho para o Pai, pelo qual toda e qualquer alma pode encontrar paz, alegria e coragem divina. Em qualquer tribulação que nos ataque, o nosso Senhor diz: "Em mim, vocês podem ter paz". Quando, meditando sobre guerras e rumores de guerras, a imaginação consegue aterrorizar a alma de homens e mulheres, Cristo Jesus é o caminho sustentador, consolador e alegre da paternidade de Deus.

Permanecendo em Jesus, permita que os rios de água viva fluam através de você para curar os abatidos de coração, "pôr em liberdade os oprimidos, e proclamar o ano aceitável do Senhor" (LUCAS 4:18-19).

A verdade

Em meio a todo o turbilhão de contenda e confusão que se forma na mente das pessoas pelo que é chamado verdade, novamente a palavra do nosso Senhor a Tomé permanece: "Eu sou a verdade". A verdade não é um sistema, nem uma constituição, nem mesmo um credo; a verdade é o próprio Senhor Jesus Cristo, e Ele é a verdade acerca do Pai assim como é o caminho para o Pai. A nossa tendência é fazer da verdade uma afirmação lógica, torná-la um princípio em vez de uma pessoa. Profundamente falando, não há princípios cristãos, mas o santo, ao permanecer em Cristo no caminho da paternidade de Deus, discerne a verdade de Deus nos momentos pelos quais ele passa. A confusão surge quando nos desassociamos do nosso Senhor e tentamos viver segundo um padrão meramente construído sobre a Sua Palavra.

Em João 14:8-11, o nosso Senhor diz claramente que Ele e o Pai são um. Quem dera que aqueles que proferem o nome de Cristo percebessem que Ele *é* a verdade, não o proclamador dela; que Ele *é* o evangelho, não o pregador do evangelho; que Ele *é* o caminho para a paternidade de Deus. O que homens e mulheres necessitam é da "paternidade" de Deus, para que, em todo espanto e medo, possam ser mantidos firmes pela bondade de Deus — e isso é realizado somente em Cristo. Aqueles de nós que sabem disso têm um ministério gracioso a manter, permanecendo nele de tal maneira que revelamos a verdade como ela é em Jesus ao entrarmos e sairmos dentre os devastados e confusos.

A vida

Atualmente, muitos estão enfrentando o cansaço da vida. A luz de seus olhos lhes foi tirada, as perspectivas de vida foram extintas, e tudo que eles mais amavam foi destruído. Novamente, a maravilhosa declaração do nosso Senhor — "Eu sou a vida" — traz consolação eterna. Cristo é a vida do Pai, assim como é o caminho para o Pai e a verdade de Deus. "...o dom gratuito *de Deus* é a vida eterna..." (ROMANOS 6:23, ÊNFASE ADICIONADA); não o dom *vindo de* Deus, como se a vida eterna fosse um presente dado por Deus, mas sim a dádiva de si mesmo. A vida transmitida pelo nosso Senhor é a vida de Deus, e o sacramento da Ceia do Senhor é a comemoração visível desse fato permanente. "Porque, todas as vezes que comerem este pão e beberem o cálice, vocês anunciam a morte do Senhor, até que ele venha" (1 CORÍNTIOS 11:26).

Lembremo-nos de que Jesus Cristo é a vida e é a nossa vida, de modo que, quer comamos ou bebamos, ou façamos qualquer outra coisa, façamos tudo para a glória de Deus. Que aqueles de nós que são filhos de Deus manifestem a vida de Deus em nossa carne mortal. Em meio ao cansaço e à agitação presente em muitos corações e vidas, o que é necessário é a vida do Pai, que é nossa em Jesus Cristo. Ele disse: "Eu vim para que tenham vida" (JOÃO 10:10) e também "vocês não querem vir a mim para ter vida" (JOÃO 5:40). Que aqueles de nós que são filhos de Deus sejam os condutores da vida de Deus para homens e mulheres exaustos, até que eles também se tornem um com Ele.

Único e exclusivo

As palavras do nosso Senhor "ninguém vem ao Pai senão por mim" (JOÃO 14:6) revelam o caminho para o Pai: Jesus Cristo é o caminho exclusivo para o Pai. Somente por Sua cruz é possível ser adotado como filho de Deus. O nosso Senhor não disse: "Ninguém vem a *Deus* senão por mim". Há muitas maneiras de se aproximar de Deus além de pelo Senhor Jesus Cristo; contudo, ninguém jamais foi ao *Pai* senão por intermédio de Jesus. Cristo é o caminho exclusivo para Ele, o meio ativo constante para o nosso relacionamento com o Pai.

Jesus é o único caminho para o Pai, mas é um caminho aberto a toda e qualquer pessoa, o caminho que não conhece "grego e judeu, [...] bárbaro, cita, escravo, livre, mas Cristo é tudo e está em todos" (COLOSSENSES 3:11). É dever e privilégio de quem é de Cristo proclamar essa gloriosa revelação com seus lábios e sua vida, com apaixonado zelo e sinceridade.

Deus conceda que este dia presente possa encontrar cada um de nós permanecendo no caminho, incorporado na verdade, infundido pela vida e manifestando a poderosa paternidade de Deus em, e através de, nosso Senhor Jesus Cristo. No nome que está acima de todo nome, nós oramos para que este ano seja o ano do primeiro e último, do início e fim — o nosso Senhor Jesus Cristo.

Parênteses de Deus

Simeão os abençoou e disse a Maria, mãe do menino: "[...] (também uma espada transpassará a tua própria alma)...". LUCAS 2:34-35 ARA

Os parênteses são utilizados para inserir uma frase ou sentença em outra que está gramaticalmente completa sem ela; se você quiser entender o autor, preste atenção especial aos parênteses. Deus coloca parênteses no meio do fluxo da nossa vida; se você quiser entender a sua vida, leia os parênteses, se puder.

Nós temos prestado atenção suficiente aos parênteses que Deus coloca em nossa vida? Pode ter sido boa sorte, ou má sorte, ou uma amizade aprazível, ou um desgosto. Porém, quando Deus resume a nossa vida, os parênteses são o que realmente define o cerne da nossa vida com Ele.

A vida debilitada com Deus

O Espírito Santo virá sobre você, e o poder do Altíssimo a envolverá com a sua sombra; por

isso, também o ente santo que há de nascer será chamado Filho de Deus. LUCAS 1:35

A virgem Maria é singular não apenas como a mãe do nosso Senhor; ela exemplifica o que devemos esperar se quisermos ser aqueles a quem o nosso Senhor chama de "meu irmão, minha irmã e minha mãe" (MATEUS 12:50).

Simeão estava completamente tomado, orientado e controlado pelo Espírito Santo; ao ver Maria, ele disse estas maravilhosas palavras: "Eis que este menino está destinado tanto para ruína como para levantamento de muitos em Israel e para ser alvo de contradição (também uma espada transpassará a tua própria alma), para que se manifestem os pensamentos de muitos corações" (LUCAS 2:34-35 ARA). Quando Cristo é formado em nós pelo poder da regeneração, experimentamos exatamente o mesmo, isto é: "uma espada" — um tipo de sofrimento — que nunca teríamos experimentado se não houvéssemos nascido de novo de Deus, algo de que nada saberíamos se o Filho de Deus não houvesse sido formado em nós.

Quando o anjo saudou Maria, ela ficou maravilhada e espantada. Após o Espírito Santo descer sobre ela, sua vida ficou debilitada, repleta de constrangimento e terror. É uma verdade permanente que, quando recebemos o Espírito Santo, de repente Deus descortina o Seu propósito para a nossa vida. Então, quando o "anjo" nos deixa, começamos a perceber exatamente o que significa uma vida debilitada. Significa que cada vida produzirá uma ou duas características das quais as pessoas zombarão, uma ou duas características das quais as pessoas desdenharão, ficarão totalmente incomodadas e iradas. Foi assim com Maria. Depois de pouco tempo, a espada da qual Simeão falou começou a perfurar a alma dessa mãe.

Precisamos nos lembrar das coisas severas e heroicas que Jesus Cristo sempre disse ao falar sobre o discipulado: "Se alguém quer vir após mim, negue-se a si mesmo, e tome cada dia a sua cruz, e siga-me" (LUCAS 9:23). Poucos de nós fazemos isso, embora muitos de nós falemos acerca disso. Isso significa uma vida debilitada. "Uma espada atravessará a sua alma."

Os primórdios da vida de Deus em um homem ou uma mulher transpassam diretamente a vontade da natureza, visto que a natureza tem de ser transformada em vida espiritual pela obediência. A obediência ao Espírito de Deus significa, de mil e uma maneiras e nos relacionamentos mais íntimos de todos, uma vida debilitada (VEJA LUCAS 14:26).

A vida impedida com Deus

Por que a senhora está me dizendo isso? JOÃO 2:4

Essa nova vida também impede a nossa perspectiva natural e os nossos caminhos naturais até que os correlacionemos corretamente "revestindo-nos do novo homem", até que o Filho de Deus seja formado em nós, e tanto o natural quanto o santo sejam a mesma coisa.

O natural que há em nós quer que o Filho de Deus faça a obra do Deus Todo-poderoso à *nossa* maneira. O que poderia ser melhor do que o Filho de Deus manifestar o fato de que Ele está em nós? Milhares salvos em um dia?

Nós mesmos transformados e tidos como maravilhosos espécimes do que Deus pode fazer? Algo maravilhoso realizado segundo os ditames da nossa vida natural (não pecaminosa)? Nós queremos que o Senhor faça isso e aquilo; exigimos que Ele faça; entramos correndo e dizemos: "Agora é a hora", mas, quando Ele bloqueia o nosso desejo natural, não ousamos abrir novamente a nossa boca para Ele acerca do assunto. Quando os milagres do nosso Senhor estão agindo em nós, sempre se manifestam em uma vida corrigida, totalmente refreada.

Os parênteses de Deus chegaram a você impedindo algum grande impulso natural? Você é um filho de Deus. Você começou a trabalhar para Ele e esperava que Ele fizesse coisas maravilhosas. De fato, você exigiu que Ele as fizesse. Então, Deus levou você para um canto e você foi repreendido diretamente pelo Seu Filho.

São esses os parênteses que Deus colocou em sua vida neste momento? Algum propósito, algum objetivo seu na obra de Deus que você estava esperando que Ele manifestasse imediatamente por um poderoso milagre, mas, em vez disso, Ele extinguiu o seu impulso naturalmente bom. Ninguém além de você ouviu a repreensão, mas você foi capaz de entender e ouvir o Senhor. Cuidado ao dar ouvido ao seu próprio ponto de vista quando o Filho de Deus vier.

A vida isolada com Deus

> *E junto à cruz de Jesus [estava] a mãe de Jesus...*
> JOÃO 19:25

Isolar significa "colocar em uma posição separada; afastar ou colocar à parte". A espada do isolamento começou a perfurar muito cedo a vida de Maria e a perfurou até o fim. Agora, ela está diante da cruz com seu próprio Filho, em quem as Escrituras e oráculo de Deus se centrava. Jesus passava por Sua agonia, e Sua mãe nada podia fazer por Ele; ela não conseguia compreender a profundidade da agonia do Getsêmani. Agora, ela o vê na cruz, e o que acontece? Jesus olha para ela e diz: "Mulher, eis aí o seu filho" (JOÃO 19:26) e a João, "Eis aí sua mãe" (v.27). Essa é uma ilustração do que acontece quando a vida do Filho de Deus e o pleno propósito de Deus estão sendo efetuados em nós de maneiras que não conseguimos compreender, mas não duvidamos por isso.

Cuidado ao dizer: "Eu não preciso de disciplina. Estou salvo e santificado; portanto, tudo que penso é correto". Nada do que nós pensamos é correto — somente o que Deus pensa em nós é correto. O Filho de Deus revelou exatamente como o cérebro, o corpo e a vontade de uma pessoa devem ser usados para que ela viva em obediência a Deus. O nosso Senhor submeteu Sua inteligência e Sua vontade ao Seu Pai. "Eu desci do céu, não para fazer a minha própria vontade" (JOÃO 6:38), diz Ele repetidas vezes.

Há grandes perplexidades na vida, mas, graças a Deus, se tivermos a ousada e implícita confiança de nossa vida natural no Filho de Deus, Ele revelará os Seus perfeitos e completos propósitos na nossa vida particular, bem como por meio dela.

Você já se sentiu aflito?

Deixo com vocês a paz, a minha paz lhes dou; não lhes dou a paz como o mundo a dá. Que o coração de vocês não fique angustiado nem com medo.

JOÃO 14:27

Os discípulos, como muitas pessoas dos dias atuais, não estavam em condições de proporcionar a eles mesmos a paz interior. Há momentos em que a paz interior é baseada em ignorância. Porém, quando despertamos para os problemas da vida, que surgem e se levantam em ondas ameaçadoras, a paz interior é impossível, a menos que seja recebida do nosso Senhor. Quando Ele falou de paz, fez a paz. As Suas palavras sempre trazem espírito e vida. Alguma vez você recebeu o que Ele disse?

A paz pelos pecados perdoados ou a paz decorrente de uma consciência que descansa em Deus não são a paz da qual falamos aqui. Essas são os resultados imediatos de crer e obedecer a Ele. Porém, a paz é a própria paz de Jesus, a que Ele dá. É a paz que provém de olhar para a Sua face e lembrar-se do estado imperturbável do nosso Senhor em todas as circunstâncias. "E todos nós, com o rosto descoberto, contemplando a glória do Senhor, somos transformados, de glória em glória, na sua própria imagem..." (2 CORÍNTIOS 3:18). Quando você está bem com Deus, recebe paz ao estudar o próprio Senhor em consagrada concentração. Você, alguma vez, recebeu a Sua paz?

A paz refletida é a maior evidência de que eu estou bem com Deus, visto que tenho a liberdade de voltar a minha mente a Ele. Se eu não estiver bem com Deus, nunca poderei voltar minha mente a outro lugar senão a mim mesmo. Nós somos transformados pelo olhar, não pela introspecção. "Então irei ao altar de Deus, de Deus, que é a minha grande alegria..." (SALMO 43:4). Então, a alegria do Senhor será a minha força. A fonte da paz é Deus, não eu mesmo. Nunca é a *minha* paz, e sim sempre a *dele*; se Ele se afasta, ela não está presente. Se eu permito que alguma coisa esconda de mim a face, o semblante, a memória, a consideração do nosso Senhor Jesus, fico perturbado ou tenho uma falsa segurança. "Portanto, pensem naquele que suportou tamanha oposição dos pecadores contra si mesmo, para que vocês não se cansem nem desanimem" (HEBREUS 12:3). Nada mais é, minimamente, semelhante à Sua paz. Esta é "a paz de Deus, que excede todo entendimento" (FILIPENSES 4:7).

A paz de Jesus não é um bem precioso que eu possuo; ela é transmitida diretamente por Ele, e o meu usufruir da Sua paz depende de eu reconhecer isso. Esse tipo de paz elimina os problemas presentes. De fato, o nosso Senhor diz: "Não permita que o seu coração fique perturbado pelo relacionamento dele comigo". O que nos perturba nunca são as grandes coisas, e sim as coisas triviais. Eu acredito que, nas circunstâncias que podem me incomodar agora mesmo, Jesus Cristo não está nem um pouco perplexo? Se eu acredito, tenho a Sua paz. Se eu tento me preocupar, extingo o Senhor e mereço o que recebo.

Exponha tudo diante dele e, ao enfrentar dificuldades, provação e tristeza, ouça-o dizer: "Que o [seu] coração não fique angustiado nem com medo" (JOÃO 14:27). Sejamos confiantes na sabedoria do Senhor e em Sua certeza de que tudo ficará bem; "...ele permanece fiel, pois de maneira nenhuma pode negar a si mesmo." (2 TIMÓTEO 2:13). O cântico dos anjos ainda é a verdade: "Glória a Deus nas maiores alturas, e paz na terra entre os homens, a quem ele quer bem." (LUCAS 2:14). Você está buscando a Jesus agora mesmo, no assunto urgente, e recebendo dele paz? Então, Ele será uma graciosa bênção de paz em você e por seu intermédio.

A vocação do santo: radiante em meio a tudo

Quem intentará acusação contra os eleitos de Deus? É Deus quem os justifica. Quem os condenará? É Cristo Jesus quem morreu, ou melhor, quem ressuscitou, o qual está à direita de Deus e também intercede por nós. Quem nos separará do amor de Cristo? Será a tribulação, ou a angústia, ou a perseguição, ou a fome, ou a nudez, ou o perigo ou a espada? Como está escrito: "Por amor de ti, somos entregues à morte continuamente; fomos considerados como ovelhas para o matadouro". Em todas estas coisas, porém, somos mais que vencedores, por meio daquele que nos amou. Porque eu estou bem certo de que nem a morte, nem a vida, nem os anjos, nem os principados, nem as coisas do presente, nem do porvir, nem os poderes, nem a altura, nem a profundidade, nem qualquer outra criatura poderá nos separar do amor de

Deus, que está em Cristo Jesus, nosso Senhor.
ROMANOS 8:33-39

Certas circunstâncias e dificuldades só podem ser descritas como "em meio a tudo"; em tudo isso e por meio de tudo isso, o apóstolo Paulo diz que devemos ser "mais que vencedores". Paulo sempre falou do âmago das coisas, mas a maioria de nós não presta muita atenção a ele enquanto alguma calamidade ou desastre não nos tira da superfície; então, a Bíblia assume uma nova roupagem e descobrimos que ela sempre fala profundamente.

Sempre que Jesus Cristo se refere ao discipulado ou ao sofrimento, isso é sempre "por causa de mim". A vocação de um santo é estar em meio a tudo por causa de Jesus. O profundo relacionamento do santo com o Senhor é pessoal, e a razão pela qual um santo pode estar radiante é ter perdido o interesse em sua própria individualidade e se tornado absolutamente devotado à pessoa do Senhor Jesus Cristo.

Quem intentará acusação contra os eleitos de Deus? É Deus quem os justifica. Quando um santo deposita a sua confiança na escolha de Deus, nenhuma tribulação ou aflição consegue jamais afetar essa confiança. Quando percebemos que não há esperança de libertação na sabedoria humana, na retidão humana ou em qualquer coisa que possamos fazer, Paulo nos aconselha a aceitar a justificação oferecida por Deus e permanecer fiéis à escolha de Deus em Cristo Jesus. Essa é a melhor cura para a degeneração espiritual ou para o mau humor espiritual.

Quem os condenará? É Cristo Jesus quem morreu. "Cristo [...] morreu a seu tempo pelos ímpios" (ROMANOS 5:6).

Então, é algo extraordinário que, após aceitarmos a Sua salvação, comecemos a descobrir a nossa indignidade? "Quem os condenará? É Cristo Jesus quem morreu." Deposite a sua confiança nele! Que haja uma verdadeira mudança de todo o centro da vida para a confiança em Jesus Cristo. *Quem nos separará do amor de Cristo?* Na confusão e agitação das coisas, há muito pouco que podemos explicar. Acontecem coisas que frustram todos os nossos cálculos, mas "Quem nos separará do amor de Cristo"? Coisa alguma! Quando sabemos que nada pode nos separar do amor de Cristo, não importa quais calamidades possam ocorrer; somos tão inabaláveis quanto o trono de Deus.

Quem nos separará do amor de Cristo? Será a tribulação, ou a angústia, ou a perseguição, ou a fome... Conseguimos permanecer fiéis à vocação do santo na tribulação? Pense nas milhares de pessoas que tiveram de passar por tribulações nestes últimos anos — toda esperança humana foi retirada delas; contudo, o santo com uma surpreendente esperança permanece radiante em meio a elas.

...ou a nudez, ou o perigo ou a espada? Em nossos dias, todos esses perigos são realidades. Conseguimos manter a nossa vocação de santos em tal situação? A vida estava indo bem quando, de repente, fomos atingidos por uma tempestade psicológica! Paulo diz que temos de manter a nossa vocação em meio às coisas mais desesperadoras que possam acontecer na vida de um indivíduo.

Estou bem certo de que nem a morte, nem a vida, nem os anjos, nem os principados — essas são coisas que fogem ao nosso controle; elas introduzem agonias dolorosas em nossa experiência e também abatem as nossas esperanças.

Nem as coisas do presente — as coisas presentes prevalecem, não podemos alterá-las. Um luto afeta profundamente a vida, assim como uma alegria ou uma guerra. *Nem do porvir* — pense no número de pontes que todos nós atravessamos antes de chegar a elas! As coisas do porvir estão sempre prevalecendo; a sabedoria humana não consegue tocá-las. Nem os poderes — existem poderes terríveis que se movem ao derredor ignorando-nos totalmente. *Nem a altura, nem a profundidade, nem qualquer outra criatura* — somos capazes de manter a nossa vocação diante de todos os terrores? Paulo diz que somos, pois ele está convencido de que nenhuma dessas coisas *poderá nos separar do amor de Deus, que está em Cristo Jesus, nosso Senhor.*

Tudo volta à pergunta: "Eu estou radiante em meio a isso por causa de Jesus?".

Capítulo 4

A DISCIPLINA DA ORAÇÃO

Cada um deles servirá de esconderijo contra o vento, de refúgio contra a tempestade, de torrentes de água em lugares secos e de sombra de uma grande rocha em terra sedenta. ISAÍAS 32:2

George Adam Smith, estudioso do Antigo Testamento, escreveu:

> No Oriente, o seguinte fenômeno é frequentemente observado: onde o deserto encontra um vale de rio ou um oásis, a areia fica em contínua movimentação por conta do vento; esse deslocamento é a verdadeira causa da esterilidade de tais partes do deserto, pelo menos quando são contíguas às terras férteis.

Isso porque, sob a chuva ou por infiltração do rio, frequentemente as plantas brotam na areia, e às vezes há promessa de uma considerável fertilidade. Mas isso nunca é duradouro; quando esse deslocamento periódico de areia ocorre, a vida é atrofiada ou sufocada. Porém, coloque uma pedra na areia e veja a diferença que ela faz. Depois de alguns aguaceiros, algumas folhas surgirão a sota-vento dela; se você tiver paciência, com o tempo, verá um jardim. Como o seixo produziu isso? Simplesmente, contendo o desvio da areia.

O nosso Senhor Jesus Cristo é exatamente essa rocha para os filhos de Deus. Ele impede pessoalmente o desvio causado por atividades cristãs árduas, ceticismo mental insidioso e incertezas intuitivas; Ele produz um santuário dentro do qual habitam inspiração perene e maneiras maravilhosas a serem imitadas.

A vida de Deus em nós é manifestada por concentração espiritual, não por autoconsciência piedosa. A autoconsciência piedosa não produz a oração em si, e sim a veneração da oração. Essa piedade antibíblica se fixa nos incidentes factuais de versículos como este: "Tendo-se levantado de madrugada, quando ainda estava escuro, Jesus saiu e foi para um lugar deserto, e ali orava" (MARCOS 1:35). A autoconsciência piedosa enfatiza desproporcionalmente "Tendo-se levantado de madrugada", insinuando que, se o ato de levantar-se cedo fosse imitado, produziria em nós a semelhança de

Cristo; porém, o nosso Senhor orou porque estava concentrado em Deus. Isto é, Ele não adorava a oração. Assim, os efeitos espirituais são interpretados como causas espirituais, como se um "dom de oração" fosse a causa de tornar-se semelhante a Cristo. Ele pode ser a causa da devoção, mas é a dádiva *proveniente* da oração o que importa, e esse é o resultado da concentração cristã. A experiência cristã da oração não é a sua própria causa, e sim o efeito da vida de Deus em mim. A oração é o instrumento da vida de adoração, não é a adoração em si. No fiel, o intelecto e a oração estão unidos na consciência de Cristo que compartilhamos. A nossa certeza espiritual na oração é a certeza divina de Deus, não um turbilhão de beatice.

A posição da oração

E, quando orarem, não sejam como os hipócritas, que gostam de orar em pé nas sinagogas e nos cantos das praças, para serem vistos pelos outros. Em verdade lhes digo que eles já receberam a sua recompensa. Mas, ao orar, entre no seu quarto e, fechada a porta, ore ao seu Pai, que está em secreto. E o seu Pai, que vê em secreto, lhe dará a recompensa. E, orando, não usem vãs repetições, como os gentios; porque eles pensam que por muito falar serão ouvidos. Não sejam, portanto, como eles; porque o Pai de vocês sabe o que vocês precisam, antes mesmo de lhe pedirem. MATEUS 6:5-8

É importante perceber que, no Novo Testamento e na vida do nosso Senhor, a oração não é tanto um costume adquirido, mas a natureza implícita da própria vida espiritual. Fora do Novo Testamento, a oração tende a ser apresentada como algo totalmente adquirido, um adorno para um valoroso serviço em piedade. Em outras palavras, a posição que tendemos a dar à oração é, muito conscientemente, de uma conquista da comunhão; assim, é apresentada desproporcionalmente, de modo que, em tempos de declínio espiritual, somos inclinados a colocar em primeiro plano a necessidade de oração, em vez de uma pertinente aproximação de Deus.

Mas quão frequentemente estás presente, Senhor,
Na fraca oração distraída!
Um pecador desanimado consigo mesmo
Te encontra ali na maioria das vezes.

Pois a oração que humilha liberta a alma
De todas as ilusões
E lhe ensina quão totalmente,
Querido Senhor, ela depende de ti.

Há uma passiva autoindulgência na devoção que corresponde espiritualmente ao que o ócio ocupa socialmente. É fácil chamá-la de oração meditativa, mas a meditação só é alcançada na vida real pela extenuante disciplina de falar muito acerca de um assunto e deliberar sobre ele. Deus concede a Sua abundante graça e o fogo divino da inspiração instintiva, mas nós precisamos adquirir a habilidade técnica de expressar essa genialidade de Deus em nossa vida enquanto "[oramos] sem cessar" (1 TESSALONICENSES 5:17).

A plataforma da oração

Portanto, meus irmãos, tendo ousadia para entrar no Santuário, pelo sangue de Jesus... HEBREUS 10:19

A oração não nos coloca em contato com a racionalidade da existência humana, e sim em conformidade com a realidade eterna. A grande realidade é a redenção, e a redenção é a plataforma da oração. O fato histórico da morte de Jesus é a realidade redentora trazida a nós como um fato que, em si mesmo, gera crença. Que essa passagem de Hebreus seja concretizada, e muitos perigos pietistas da vida de devoção nunca mais aparecerão.

A realidade não está no intelecto ou nas intuições, mas na consciência que reage à redenção através de toda a natureza. Estamos alicerçados na plataforma da real oração pela expiação do nosso Senhor Jesus Cristo. Não é a nossa seriedade que nos coloca em contato com Deus, nem a nossa devoção, nem os nossos momentos de oração, e sim a morte vivificante do nosso Senhor Jesus Cristo. Os nossos momentos de oração são evidências da reação baseada na realidade da redenção, por isso temos confiança e ousadia para acessar o Santo dos Santos.

Que alegria indescritível é saber que cada um de nós tem o direito de se aproximar de Deus com confiança, que o lugar da Arca da aliança é o nosso lugar: "Portanto, meus irmãos, [tenham] ousadia"! Que temor e maravilha de privilégio é "entrar no Santuário" na perfeição da expiação "pelo sangue de Jesus"!

O propósito da oração

> Não fiquem preocupados com coisa alguma, mas, em tudo, sejam conhecidos diante de Deus os pedidos de vocês, pela oração e pela súplica, com ações de graças. FILIPENSES 4:6

O filho de Deus nunca conseguirá pensar em algo de que o Pai celestial se esquecerá. A oração é a evidência de que eu estou espiritualmente concentrado em Deus. A oração não deve ser usada como o privilégio de uma criança mimada que busca condições ideais para satisfazer as suas propensões espirituais. O propósito da oração é manter a adequação a um relacionamento ideal com Deus em meio às condições reais da vida e viver nessas condições reais sendo grato em tudo.

As realidades não estão aqui para serem idealizadas, e sim para serem realizadas, enquanto nos apegamos a Deus pela oração e Ele nos une à Sua consciência. O propósito da oração é revelar a presença de Deus, constantemente presente em todo o tempo e em todas as condições.

> Por perfeita confiança pueril em ti;
> Por vislumbres filiais da vida futura;
> Por confiança semelhante à do meu filho em mim;
> Por corações descansando pela confiança em ti;
> Por corações triunfantes em perpétua esperança;

Por esperança vitoriosa mediante esperanças
passadas satisfeitas;
Por mais fortes esperanças nascidas das
coisas que conhecemos;
Por fé nascida das coisas que talvez desconheçamos;
Por esperança de poderes dez mil vezes aumentados;
Por aquela última esperança da semelhança
a ti mesmo,
Quando a esperança terminar em gloriosa certeza;
Com corações avivados
Que te encontram em toda parte,
Nós te agradecemos, Senhor!

As particularidades da oração

É extremamente importante pensar na oração como o nosso Senhor ensinou a respeito dela. O nosso Senhor nunca se referiu a orações sem resposta; Ele ensinou que as orações são *sempre* respondidas: "Pois todo o que pede recebe..." (LUCAS 11:10). Ele também diz que as orações são respondidas corretamente devido à sabedoria do Pai celestial: "...o Pai de vocês sabe o que vocês precisam, antes mesmo de lhe pedirem" (MATEUS 6:8).

No tocante à oração, nós tendemos a ser apologéticos e apáticos, complexos e confusos; contudo, o nosso Senhor nos ensinou a ter a esplêndida audácia de uma criança: "Graças te dou, ó Pai, Senhor do céu e da terra, porque escondeste estas coisas dos sábios e instruídos e as revelaste aos pequeninos" (MATEUS 11:25). "Em verdade lhes digo: se vocês não se converterem e não se tornarem como crianças, de maneira nenhuma entrarão no Reino dos Céus" (MATEUS 18:3).

Nós podemos ser convertidos, mas, obviamente, com bastante frequência, *não* nos tornamos como crianças.

A nossa motivação

> *E, quando orarem, não sejam como os hipócritas, que gostam de orar em pé nas sinagogas e nos cantos das praças, para serem vistos pelos outros. Em verdade lhes digo que eles já receberam a sua recompensa.* MATEUS 6:5

Certamente há um grande tom de humor nas palavras do nosso Senhor: "Em verdade lhes digo que eles já receberam a sua recompensa" — em outras palavras: "Assunto encerrado". A motivação deles é serem vistos pelos homens; eles são vistos pelos homens, e essa é a sua recompensa.

Cuidado com a sua motivação. Ela consiste em aparentar algo? (Aqui, a palavra *hipócritas* significa "atores de teatro".) Você empreende muito séria e solenemente os seus recursos para ser uma pessoa de oração? Você tem o cuidado de dizer a quem importa quão cedo você se levanta de manhã para orar, quantas noites você passa orando? Tudo isso é uma encenação piedosa. Jesus diz: "Não façam isso". O nosso Senhor não disse que era errado orar nas esquinas da rua, e sim que era errado ter a motivação de ser *visto pelos homens*. Não é errado orar de manhã cedo, mas é errado ter a motivação de que isso deva ser do conhecimento de todos.

Evite toda tendência que o afaste da simplicidade de seu relacionamento com Deus em Cristo Jesus; então, a oração será como a respiração dos pulmões em um corpo saudável. A princípio, é difícil aprender uma nova e melhor maneira de respirar; consequentemente, ficamos conscientes dela durante algum tempo, mas é meramente consciência do que, por hábito, se tornará um bem inconsciente. Assim, na melhor e nova maneira de respirar espiritualmente em oração, ficaremos conscientes de formar tal hábito. Porém, ele logo se tornará a saúde espiritual normal e jamais deverá ser adorado como um processo consciente.

O nosso método

> *E, orando, não usem vãs repetições, como os gentios; porque eles pensam que por muito falar serão ouvidos.* MATEUS 6:7

Cuidado com o truque da exposição, que externaliza as Escrituras para que ensinemos, mas nunca aprendamos as suas lições. Que as palavras nos cheguem pessoalmente em seu cenário do Novo Testamento: "orando, não usem vãs repetições".

O nosso Senhor fez a mesma oração, usando as mesmas palavras, três vezes no jardim do Getsêmani, e deu aos discípulos uma forma de oração que Ele sabia que seria repetida ao longo dos séculos; portanto, Ele não pode estar se referindo à mera repetição ou à forma das palavras. A chave está na segunda metade do versículo. Primeiramente, há a descrição "como os gentios": o rolo de oração pagão, com seus metros de orações que vão e vêm, fúteis e patéticas; "...porque eles pensam que por muito falar serão ouvidos", isto é: não confie em seu fervor como base para ser ouvido. Esse é um cuidado muito necessário, pois o que chamamos de fervor é algo muito sutil.

Muitas vezes, o fervor é uma forma sutil de autoidolatria piedosa, por ser obcecado pelo método, e não pelo Senhor. Frequentemente, "orar fervorosa e insistentemente" significa exercitar-se em um frenesi de fervor no qual a transpiração é tomada como inspiração. É um erro pensar que somos ouvidos com base em nosso fervor. Nós somos ouvidos em conformidade com o evangelho: "Portanto, meus irmãos, tendo ousadia para entrar no Santuário, pelo sangue de Jesus" (HEBREUS 10:19).

A nossa maneira

Portanto, orem assim... MATEUS 6:9

O nosso Senhor deseja que entendamos que todos os excessos mórbidos devem ser eliminados e que o nosso relacionamento simples e pessoal tenha oportunidade de se manifestar. Lembre-se de que, quando oramos, nós o fazemos a uma pessoa, "Pai nosso", não a uma tendência, ou ao reflexo de uma ação resultante; oramos por necessidades pessoais específicas e universais: "pão de cada dia", "dívidas", "devedores", "livramento" (MATEUS 6:11-13); oramos como cidadãos de um reino espiritual universal — "teu é o reino" (v.13) — e a maneira é ousada, simples, mas absolutamente espiritual.

Tudo por meio do nosso Senhor implica discipulado, ou o que entendemos por experiência de regeneração. Em outras palavras, a Sua morte é a nossa porta de entrada à vida que Ele vive e à qual os Seus ensinamentos se aplicam. Portanto, receber o ensinamento do nosso Senhor e negar a necessidade de nascer do alto é produzir uma zombaria, nascida do próprio desejo de fazer o oposto. Precisamos sempre ter cuidado com a religiosidade sentimental, que é prejudicial a ponto de se tornar imoral, visto que incapacita para a vida em vez de equipar para ela — a vida que é sempre o resultado da vida do nosso Senhor em nós.

O modelo de oração

Portanto, orem assim:
"Pai nosso, que estás nos céus, santificado seja o teu nome; venha o teu Reino; seja feita a tua vontade, assim na terra como no céu; o pão nosso de cada dia nos dá hoje; e perdoa-nos as nossas dívidas, assim como nós também perdoamos aos nossos devedores; e não nos deixes cair em tentação; mas livra-nos do mal [pois teu é o Reino, o poder e a glória para sempre. Amém]!". MATEUS 6:9-13

Essa oração modelo é a lição do nosso Senhor acerca de oração em resposta a uma oração: "...um dos seus discípulos lhe pediu: — Senhor, ensine-nos a orar..." (LUCAS 11:1). É bom lembrar que os discípulos do nosso Senhor estavam acostumados à oração e às práticas religiosas desde a mais tenra infância, mas o contato com Jesus produziu neles a percepção da realidade da oração espontânea ultrapassando a forma litúrgica. Quão semelhante é a nossa condição: depois de havermos recebido vivificação e iluminação espirituais por parte do nosso Senhor, nossa eloquência vacila e nos dirigimos ao nosso Pai como criancinhas indefesas com a primeira oração: "Senhor, ensine-nos a orar", e Ele nos ensina o alfabeto de todas as orações possíveis. Essa percepção de total empobrecimento espiritual é uma dor bendita, pois a dor é o que nos leva a Deus e ao Seu gracioso governo e reino.

"—Bem-aventurados os pobres em espírito, porque deles é o Reino dos Céus" (MATEUS 5:3).

Apresentação de ideias

Portanto, orem assim... MATEUS 6:9

Quão bendito é começar do início — crianças espirituais, despojadas de nossa rica e verbal linguagem religiosa, tornadas simples e levadas a uma receptiva ensinabilidade. Que a nossa mente, convertida em fértil por uma genuína humildade, receba com admiração e reverência a ideia simples do relacionamento pessoal de Deus conosco: "...porque o Pai de vocês sabe o que vocês precisam, antes mesmo de lhe pedirem" (MATEUS 6:8). O nosso Pai nos leva para perto dele com nossos medos, apreensões, loucuras e aspirações e nos recompensa. Ao falarmos da paternidade de Deus, lembremo-nos de que o Senhor Jesus é o caminho exclusivo para o Pai: "...ninguém vem ao Pai senão por mim" (JOÃO 14:6). Nós podemos chegar a Deus como Criador à parte de Jesus Cristo (VEJA ROMANOS 1:20), mas nunca a Deus como nosso Pai senão por meio do Senhor. Creia e ore com confiança nisso. Novamente, abracemos a ideia de orar pelas nossas necessidades pessoais. Que temas o nosso Senhor sugere! Que emancipação e alegria nos vêm quando recebemos, do próprio Senhor, a revelação de que precisamos orar por coisas que, humanamente, aceitamos como naturais, confiando em nossa inteligência, instinto e intuição, em vez de em Deus. Quando agradecermos antes de uma refeição, lembremo-nos de que esse não deve ser um mero costume piedoso, e sim uma real recepção da ideia de que Deus nos capacita a receber dele o nosso pão de cada dia.

E abracemos a ideia do governo pessoal do nosso Senhor: "...venha o teu Reino" (MATEUS 6:10). Isso não significa levar as nossas ideias naturais acerca de reino ao discipulado cristão, mas aderir à ideia do nosso Senhor acerca do reino, governo ou domínio de Deus, um reino celestial e eterno, que só será estabelecido na Terra como é no Céu por nossa voluntária recepção e reverência.

Apresentação da linguagem

—*Quando vocês orarem, digam: "Pai"*... LUCAS 11:2

As palavras são repletas de revelação, não quando simplesmente as lembramos ou memorizamos, mas quando as aceitamos (compreendemos e tomamos posse). Abrace essas palavras de Jesus: "Pai", "céu", "santificado seja o teu nome", "reino", "vontade". Nessas palavras, há todo o vocabulário da divindade, do domínio e da disposição do Deus Todo-poderoso em relação aos homens. Ou tome as palavras "pão", "perdão", "dívidas", tentação", "livramento", "mal". Em tais palavras, os enigmas e problemas primários da vida pessoal são apresentados diante do nosso Pai.

Ou, finalmente, olhe para palavras como "poder", "glória", "para sempre", "amém"[2]: nelas, soa a transcendente e triunfante verdade de que tudo está bem, de que Deus reina, governa e se regozija, e de que a Sua alegria é a nossa força. Que arrebatadora aula de gramática o nosso Senhor Jesus dá quando vamos à Sua escola de oração e aprendemos dele!

Apresentação da fé

Seja feita a tua vontade, assim na terra como no céu. MATEUS 6:10

Não é que o nosso Senhor nos dê pensamentos originais, e sim que Ele conceda uma vida original espontânea a todos os que recebem dele. As próprias palavras do nosso Senhor, repetidas por um simples recebedor da Sua instrução, geram a fé necessária para a perseverança cristã. Receber de Jesus e, em obediência a Ele, pedir ao Deus Todo-poderoso são ações que permitem que Deus, por assim dizer, traga à existência precisamente as coisas pelas quais a pessoa orou. A fé desenvolvida dessa maneira é submissa; isto é, eu me porto entre

---

[2] Embora não esteja em qualquer dos manuscritos mais antigos, esta sentença é tão universalmente usada na Igreja Cristã que não é sensato ignorá-la.

os homens realmente como o filho submisso de meu Pai celestial. Há uma ilustração desse assunto na oração padrão: "...se perdoarem aos outros as ofensas deles, também o Pai de vocês, que está no céu, perdoará vocês; se, porém, não perdoarem aos outros as ofensas deles, também o Pai de vocês não perdoará as ofensas de vocês" (MATEUS 6:14-15).

Isso é submissão, perseverança e fé, tudo trabalhado em uma vida humana intensamente humilde, consciente e verdadeira. Nós somos libertos do pecado para que possamos realmente viver como santos entre pessoas que nos tratam como nós tratávamos, anteriormente, o nosso Pai celestial. Com corações e lábios disciplinados e extasiados, agradeçamos a Deus por Ele nos ter ensinado, nesse modelo de oração, acerca de nosso Pai, nossa comunhão e nossa fé.

Oração em secreto

> Mas, ao orar, entre no seu quarto e, fechada a porta, ore ao seu Pai, que está em secreto. E o seu Pai, que vê em secreto, lhe dará a recompensa.
> MATEUS 6:6

Nesse versículo, a recomendação e revelação do nosso Senhor se apresenta das seguintes maneiras: um discípulo deve ter um hábito especial, um lugar escolhido e um silêncio secreto, e um discípulo deve orar vigorosamente.

Um discípulo deve ter um hábito especial

Ao orar...

"Mas é tão difícil separar um tempo para orar", poderemos dizer. Claro que é; nós temos de arranjar tempo, e isso significa esforço, e o esforço nos torna conscientes da necessidade de reorganizar os nossos hábitos gerais. Facilitará as coisas nos lembrarmos, ainda que com certo embaraço, que reservamos tempo para tomar o nosso café da manhã e para jantar. A maior parte da dificuldade de formar um hábito especial é que não estamos dispostos a nos disciplinar. Leia atentamente essa citação no brilhante livro *Principles of Psychology* (Princípios de Psicologia), do professor William James, e aplique-a à questão da oração:

> A primeira máxima é que, na aquisição de um novo hábito ou no abandono de um antigo, precisamos ter o cuidado de nos lançarmos com a iniciativa mais forte e decidida possível. [...] A segunda máxima é nunca permitir que uma exceção ocorra enquanto o novo hábito não estiver firmemente enraizado em sua vida. [...] Uma terceira máxima pode ser acrescentada ao par anterior: agarre a primeira oportunidade possível para agir em toda decisão que você tomar e em todo incentivo emocional que você possa experimentar voltado ao hábito que você aspira adquirir.

Apliquemos essa lição imediatamente a nós mesmos e sigamos o conselho do nosso Senhor até ele se tornar caráter. Você diz que não consegue levantar-se cedo; bem, uma coisa muito boa a fazer é levantar-se para provar se não consegue!

Isso não contradiz em nada o que já foi dito, a saber, que não devemos colocar a convicção no lugar de Deus. Isso significa que temos de entender que o nosso mecanismo corporal foi criado por Deus e que, quando somos regenerados, Ele não nos dá outro corpo. Nós temos o mesmo corpo e, portanto, a maneira como usamos a nossa inteligência para aprender uma coisa secular é a maneira de aprender qualquer coisa espiritual. "Ao orar" — *comece agora.*

Um discípulo deve escolher um lugar

Entre no seu quarto...

Você já disse algo assim a si mesmo: "É tão difícil escolher um lugar"? Mas, quando você estava apaixonado, era impossível escolher um lugar para se encontrarem? Não, isso estava longe de ser impossível.

Cuidado com a autoindulgência. Pense em quanto tempo o nosso Senhor esperou por você. Escolha um lugar — não um estado de espírito, e sim um lugar físico definido — e faça uso dele constantemente, e ore a Deus para que o Seu Espírito, que habita em você, o ajude. Não diga: "Se eu tivesse isso e aquilo". Você não tem isso e aquilo, mas, se quiser, pode escolher um lugar onde você está. Nós sempre podemos fazer o que queremos se quisermos fazê-lo com suficiente perspicácia. Faça isso *agora*: "Entre no seu quarto".

Um discípulo deve manter um silêncio secreto

E, fechada a porta...

"É tão difícil ficar quieto", diz você. E quando você estava doente? Ó, isso pode ser feito, mas você precisa saber como fechar a porta. Não diga aos seus amigos, à sua família ou à sua senhoria — seja qual for o caso — "Vou apenas orar". Isso é demasiadamente semelhante à encenação sobre a qual já fomos advertidos. Não; deve ser um lugar escolhido, um lugar secreto fechado, onde ninguém jamais suponha o que você está fazendo.

Outro aspecto vital dessa oração particular é mencionado em Mateus: "...se você estiver trazendo a sua oferta ao altar e lá se lembrar que o seu irmão tem alguma coisa contra você, deixe diante do altar a sua oferta e vá primeiro reconciliar-se com o seu irmão; e então volte e faça a sua oferta" (5:23-24).

Se você contraiu uma dívida e não a pagou, ou não se importou em pagá-la, ou falou asperamente com outra pessoa, ou foi vingativo, essas e outras coisas semelhantes produzem uma disposição errada da alma. Não adianta tentar orar enquanto você não fizer o que o Senhor diz.

Um discípulo deve orar fervorosamente

Ore ao seu Pai, que está em secreto...

Esta objeção é fácil de fazer: "É tão difícil concentrar os pensamentos". Mas e o tempo em que você estava trabalhando para conquistar aquela posição ou passar naquele exame? Todas as nossas desculpas surgem, de alguma forma, revelando nossa autoindulgência. A oração fervorosa ou persistente precisa ser cuidadosamente cultivada. Nós temos de aprender os métodos mais naturais de nos expressarmos ao nosso Pai. No início, podemos clamar por dádivas e por coisas, e o nosso Pai nos incentiva a essas petições elementares enquanto não aprendemos a entendê-lo melhor; então, começamos a falar com Ele em espontânea intimidade e reverência, compreendendo cada vez mais a Sua maravilhosa natureza. "O Pai de vocês sabe o que vocês precisam, antes mesmo de lhe pedirem" (MATEUS 6:8).

O verdadeiro motivo da oração é a intimidade com o nosso Pai, e existem práticas que podem nos ajudar nisso. Permita-me compartilhar um pouco da minha própria experiência. Reescrever os Salmos em minhas próprias palavras provou ser um valioso tesouro de autoexpressão a Deus. Também considero um exercício muito benéfico na oração particular escrever coisas, para que eu veja exatamente o que penso e desejo dizer.

Qual benefício resulta de tempos tão fervorosos em secreto com o nosso Senhor?

> Senhor, que transformação fará em nosso interior
> Passar uma curta hora em Tua presença,
> Que tira pesados fardos de nosso peito,
> Que renova terrenos ressecados como que
> com uma chuva!
> Ajoelhamo-nos, e tudo à nossa volta parece diminuir;
> Levantamo-nos, e tudo, o distante e o próximo,

Destaca-se em contorno ensolarado, corajoso e claro;
Quão fracos nos ajoelhamos, quão cheios de poder
nos levantamos!

Então, essas são as recomendações do nosso Senhor para a oração em secreto. Agora, analisemos a Sua revelação acerca de tal oração.

A alegria no lugar secreto

O seu Pai, que vê em secreto, lhe dará a recompensa.

Aqui, a revelação é do reino gratuito do amor — uma revelação de pura alegria, na qual o filho de Deus derrama no colo do Pai as preocupações que lhe trazem dor e ansiedade, para que Ele possa resolver as dificuldades. Com muita frequência, imaginamos que Deus vive em um lugar onde Ele apenas conserta os nossos tesouros quebrados, mas Jesus revela que é bem diferente. Ele discerne todas as nossas dificuldades e as resolve antes de nós. Não somos mendigos, por um lado, ou clientes espirituais, por outro; somos filhos de Deus e simplesmente ficamos diante do Pai com os nossos tesouros quebrados ou a nossa dor e o observamos consertar ou curar de maneira tal que nos faz compreendê-lo melhor.

Pense na insondável alegria da revelação de que perceberemos o nosso Pai resolvendo os nossos problemas e o entenderemos melhor; essa é a recompensa do alegre tempo de oração. O lugar secreto nos convence de que Deus é o nosso Pai e de que Ele é justiça e amor; e nós permanecemos não apenas inabaláveis, como também recebemos a nossa recompensa com uma intimidade inexprimível e repleta de glória.

Oração pública

> *Em verdade também lhes digo que, se dois de vocês, sobre a terra, concordarem a respeito de qualquer coisa que vierem a pedir, isso lhes será concedido por meu Pai, que está nos céus. Porque, onde estiverem dois ou três reunidos em meu nome, ali estou no meio deles.* MATEUS 18:19-20

É comparativamente fácil pensar ou dizer coisas apropriadas acerca da oração em secreto, mas não é tão fácil falar sobre a oração pública. Na oração pública, a tendência é repetir em voz alta, em grande parte, as nossas próprias preocupações particulares, que são muito melhor contadas em secreto e sozinhos. Nas palavras de Mateus 18:19-20, o nosso Senhor transmite uma orientação simples e clara acerca da oração pública.

Concordância no propósito e pedido

> *Também lhes digo que, se dois de vocês, sobre a terra, concordarem a respeito de qualquer coisa que vierem a pedir...*

Concordar quanto a um propósito na Terra não deve ser entendido como uma predeterminação de concordarem em atacar o forte de Deus obstinadamente até Ele ceder. Não significa concordar de antemão sobre o que queremos e, depois, ir a Deus e esperar; não até Ele nos dar a Sua opinião acerca do assunto, e sim até extorquirmos dele a permissão para fazermos o que decidimos fazer antes de orar. Em vez disso, devemos concordar em pedir a Deus que nos transmita Seu pensamento e intenção no tocante à questão.

A concordância com um propósito na Terra não é uma apresentação pública de mendicância persistente e ilimitada, mas uma oração consciente de sua limitação por meio da natureza moral do Espírito Santo. É, na realidade, estar "em sinfonia" na Terra com o nosso Pai, que está no Céu.

Para isso, é importante ser guiado ao fazer petições em público. É melhor ter muitas orações curtas do que algumas longas, e muitas orações curtas não acerca do mesmo assunto, e sim acerca de muitos outros, para que toda a congregação possa concordar com os suplicantes. Há muita colaboração simples quanto a isso, como o líder da reunião sugerir temas, ou pedir às próprias pessoas que citem um versículo das Escrituras, ou qualquer coisa que permita às pessoas pronunciar em voz alta os pedidos que estão em seu coração.

Respondido em particular pelo Céu

Isso lhes será concedido por meu Pai,
que está nos céus.

Isso nos lembra, muito forçosamente, da declaração do nosso Senhor: "Pois todo o que pede recebe..." (LUCAS 11:10). Para o homem natural que não nasceu do alto, a oração é tão simples, tão estulta e tão sobrenatural que, ao mesmo tempo, é um tabu. É estranho dizer, mas as razões que ele apresenta para se opor à oração são as mesmas razões que dão a ela a sua verdadeira natureza. A oração é simples, tão simples quanto uma criança dando a conhecer seus desejos aos pais (VEJA MATEUS 11:25). A oração é estulta porque não segue o senso comum; é certo que Deus faz coisas em resposta à oração e, naturalmente, o senso comum diz que isso é ridículo (VEJA TIAGO 5:16). A oração é sobrenatural porque depende inteiramente de Deus (VEJA 1 JOÃO 5:14-15).

Passemos, então, ao cultivo sincero da oração pública, tornando nossos pedidos conhecidos diante dos outros, bem como diante de Deus, assegurando assim as respostas do Céu em particular.

A atmosfera da reunião de oração pública

Porque, onde dois ou três reunidos em meu nome, ali estou no meio deles.

"Onde estiverem dois ou três reunidos...". O Novo Testamento insiste continuamente no aspecto "reunido" da vida cristã: o apóstolo diz que "Por estarmos unidos com Cristo Jesus, Deus nos ressuscitou com ele para reinarmos com ele no mundo celestial" (EFÉSIOS 2:6 NTLH); é em unidade que alcançamos "medida da estatura da plenitude de Cristo" (EFÉSIOS 4:13); e o escritor aos Hebreus nos adverte a não deixarmos "de reunir-nos como igreja" (HEBREUS 10:25 NVI). A reunião de oração cristã não é uma sociedade secreta; é uma reunião pública com um propósito: reunir-se para orar, e os congregados precisam ser semelhantes uns aos outros.

"Em meu nome..." Essa frase frequentemente repetida significa "em minha natureza". É um fato triste que algumas pessoas, por um ressentimento presunçoso ou por julgarem-se donas da verdade, às vezes sintam-se feridas e tenham sua autoestima afetada na reunião de oração com seus irmãos, e então se separem e façam uma pequena reunião de oração em suas próprias casas. Certamente, isso não é reunir-se em nome do Senhor, e sim reunir-se por um motivo de afronta. Quando oramos no nome de Jesus, oramos em Sua natureza (VEJA ROMANOS 5:5).

"Ali estou no meio deles." Que imagem maravilhosa: um grupo de filhos do nosso Senhor ao redor dos joelhos do Pai celestial, tornando seus pedidos conhecidos em familiaridade, em temor e reverência, em simplicidade e confiança nele, e em humilde certeza de que Ele está ali!

As nossas orações devem estar em concordância com a natureza de Deus; portanto, as respostas não são conforme a nossa natureza, mas a dele. Somos propensos a esquecer isso e dizer, sem pensar, que Deus não responde à oração. Porém, Ele sempre responde à oração e, quando estamos em íntima comunhão com Ele, sabemos que não fomos induzidos ao erro.

Move-me, ó, move-me, Senhor,
até a oração se tornar dor;
Até a oração ser alegria,

até se transformar em louvor!
Move-me!
Até que coração, vontade e mente,
Sim, tudo seja Teu inteiramente,
para usar durante todo o dia.
Move-me, até eu,
"extremamente" aprender a orar:
Move-me, até eu,
com expectativa, aprender a esperar.

Oração paciente e prevalente

Entramos agora em um aspecto da oração que é mais difícil de expressar. A oração é o resultado de uma apreensão da natureza de Deus e o meio pelo qual nós assimilamos cada vez mais da Sua mente. Aqui, precisamos nos lembrar das questões fundamentais do nosso relacionamento cristão: especificamente que, em um cristão, fé e bom-senso são moldados em uma pessoa pela devoção a Jesus Cristo. Isso não requer adesão consciente a princípios, mas obediência concentrada ao Senhor. A fé não se torna o seu próprio objeto — isso produz fanatismo; em vez disso, torna-se o meio pelo qual Deus nos revela os Seus propósitos (VEJA ROMANOS 12:2).

Ao instruir os discípulos no tocante à oração, o nosso Senhor lhes apresentou três ilustrações (VEJA LUCAS 11:5-13; 18:1-8) estranhamente intrigantes, enquanto não entendemos o seu significado. São as ilustrações de um amigo indelicado, de um pai antinatural e de um juiz injusto. Como muitas respostas do nosso Senhor, a princípio, essas ilustrações não parecem ser respostas; parecem evasões. Porém, descobrimos que, ao responder às nossas perguntas inarticuladas, o nosso Senhor apresenta a Sua resposta à realidade discernível pela consciência, não pela lógica.

O amigo rude

> "Jesus disse ainda: — Se um de vocês tiver um amigo e for procurá-lo à meia-noite, dizendo: 'Amigo, me empreste três pães, porque outro amigo meu chegou de viagem e eu não tenho nada para lhe oferecer'; e se o outro lhe responder lá de dentro: 'Deixe-me em paz! A porta já está fechada, e eu e os meus filhos já estamos deitados. Não posso me levantar para lhe dar os pães', digo a vocês que, se ele não se levantar para dar esses pães por ser seu amigo, ele o fará por causa do incômodo e lhe dará tudo de que tiver necessidade." LUCAS 11:5-8

Essa é, claramente, uma imagem do que o Pai celestial, algumas vezes, parece fazer; e o problema enfrentado pelo nosso Senhor na mente de Seus discípulos tem de ser enfrentado por nós sempre. De fato, é como se Ele dissesse: "Eu sei que, na sua mente, às vezes, o Pai celestial aparecerá como um amigo rude, mas permitam-me garantir que Ele não é; e, mesmo que fosse, se vocês continuassem orando por tempo suficiente, Ele lhes responderia. Há um motivo, o qual Ele não lhes pode explicar agora, porque a explicação só vem por meio da experiência de disciplina que, algum dia, vocês entenderão".

Por vezes, parece que Deus é totalmente antinatural. Nós lhe pedimos que abençoe a nossa vida, e o que se segue imediatamente transforma tudo em verdadeira ruína. A razão é que, antes de poder transformar o coração em um jardim do Senhor, Deus tem de ará-lo, o que removerá grande parte da beleza natural. Se interpretarmos os desígnios de Deus pelos nossos conceitos, diremos que Ele nos deu um escorpião quando pedimos um ovo, uma serpente quando pedimos um peixe e uma pedra quando pedimos pão. Porém, o nosso Senhor indica que tais pensamentos e fala são demasiadamente precipitados. Isso não nasce de fé ou confiança em Deus.

"Pois todo o que pede recebe..." (MATEUS 7:8). O nosso Senhor diz que Deus Pai dará o Espírito Santo muito mais prontamente do que nós daríamos boas dádivas aos nossos filhos. E o Espírito Santo não apenas nos coloca na zona de influência de Deus, mas também em um relacionamento íntimo com Ele pessoalmente, de modo que, pela lenta disciplina da oração, as escolhas do nosso livre-arbítrio se tornam as preordenações da Sua onipotente ordem.

Quando dizemos que não temos fé, simplesmente traímos a nossa própria causa — declaramos não ter confiança alguma em Deus, visto que a fé nasce da confiança nele.

O juiz iníquo

> *Jesus lhes contou uma parábola para mostrar que deviam orar sempre e nunca desanimar: — Em certa cidade havia um juiz que não temia a Deus, nem respeitava ninguém. Havia também,*

naquela mesma cidade, uma viúva que sempre o procurava, dizendo: "Julgue a minha causa contra o meu adversário". Por algum tempo, ele não a quis atender, mas depois pensou assim: "É bem verdade que eu não temo a Deus, nem respeito ninguém. Porém, como esta viúva fica me incomodando, vou julgar a sua causa, para não acontecer que, por fim, venha a molestar-me". Então o Senhor disse:
— Ouçam bem o que diz este juiz iníquo. Será que Deus não fará justiça aos seus escolhidos, que a ele clamam dia e noite, embora pareça demorado em defendê-los? Digo a vocês que, depressa, lhes fará justiça. Contudo, quando o Filho do Homem vier, será que ainda encontrará fé sobre a terra?

LUCAS 18:1-8

Nessa ilustração, o nosso Senhor reconhece implicitamente que, de fato, eventualmente, Deus parece totalmente impotente e injusto; mas, com efeito, Ele declara: "Deus não é injusto; Ele é longânimo". O nosso Senhor não tenta responder as nossas perguntas no nosso nível; Ele nos eleva ao nível dele e não nos permite dar desculpas para não continuarmos em oração.

A batalha em oração é contra duas coisas: pensamentos errantes e falta de intimidade com o caráter de Deus, conforme revelado em Sua Palavra. Nenhuma dessas duas coisas pode ser curada imediatamente, mas ambas podem ser curadas por disciplina.

No trabalho mental, é preciso tempo para vencer os pensamentos errantes, que não necessariamente vêm por meio de agentes sobrenaturais, e sim por falta de concentração. A concentração só é aprendida aos poucos, e, quanto mais impulsivo você for, menos concentrado será. Então, quando pensamentos errantes vierem durante a oração, não peça a Deus que perdoe você; peça a Ele que você pare de tê-los. Não adianta pedir a Deus que afaste pensamentos errantes; *você* é quem precisa mantê-los afastados. E, no tocante à Palavra de Deus, dedique tempo em conhecê-la, e o Espírito de Deus lhe dará uma compreensão da Sua natureza e tornará a Sua Palavra espírito e vida para você.

O nosso conselho para a oração paciente é observar que o nosso Senhor insiste na questão da persistência em cada uma dessas ilustrações, e lembrar que é persistência em favor de outra pessoa, não de nós mesmos. A nossa persistência precisa ser intercessora, e todo o poder da nossa intercessão está na certeza de que a oração será respondida.

A oração intercessória baseada na redenção permite que Deus crie aquilo que não pode ser criado de qualquer outra maneira; ela é uma tarefa árdua, que exige a energia indivisível de mente e coração. O efeito das nossas orações sobre nós mesmos é a edificação do nosso caráter na compreensão do caráter de Deus. É por isso que precisamos de paciência na oração.

Vai para o teu quarto; fecha a tua porta,
E ora a Ele em secreto; Ele ouvirá.
Mas não penses que, de um único salto, escalarás
Os inúmeros degraus, cada vez mais,
De escadas estreladas que precisam ser galgadas
Antes de chegares próximo à semelhança do Pai.

GEORGE MACDONALD

A disciplina da oração | 129

Não podemos, "de um único salto, escalar os inúmeros degraus de escadas estreladas". A oração não é algo lógico — é uma misteriosa obra moral do Espírito Santo.

O pai antinatural

— *Por isso, digo a vocês: Peçam e lhes será dado; busquem e acharão; batam, e a porta será aberta para vocês. Pois todo o que pede recebe; o que busca encontra; e a quem bate, a porta será aberta. Quem de vocês, sendo pai, daria uma cobra ao filho que lhe pede um peixe? Ou daria um escorpião ao filho que lhe pede um ovo? Ora, se vocês, que são maus, sabem dar coisas boas aos seus filhos, quanto mais o Pai celeste dará o Espírito Santo aos que lhe pedirem!* LUCAS 11:9-13

Na conclusão dessas três ilustrações, o caso de Jó apresenta um significado particular. No caso de Jó, havia todos os elementos para fazê-lo conceber Deus como um amigo rude, um Pai antinatural e um juiz injusto. No entanto, ao longo de tudo, Jó manteve a sua crença no caráter de Deus. Jó perdeu a crença que havia herdado, de que Deus abençoava e prosperava física e materialmente o homem que confiava nele. Porém, estas palavras: "Eis que ele me matará, já não tenho esperança; mesmo assim defenderei a minha conduta diante dele" (JÓ 13:15) provam quão tenazmente Jó se agarrou a Deus.

Ao final do livro de Jó, ocorrem estas marcantes palavras: "O SENHOR restaurou a sorte de Jó, quando este orou pelos seus amigos, e o SENHOR lhe deu o dobro de tudo o que tinha tido antes" (JÓ 42:10). Assim, a pergunta que você deve se fazer é muito direta: Você já chegou ao *quando*? Você adentrou a união sumo-sacerdotal de orar por seus amigos? *Quando* você fizer isso, Deus transformará o seu cativeiro.

Oração subconsciente
Sob o título "Oração prevalente", chegamos ao assunto da oração subconsciente. Com isso queremos dizer a oração que ocorre em nossa mente inconsciente, apenas ocasionalmente irrompendo no consciente. Veja o exemplo clássico disso:

> *Da mesma maneira, também o Espírito nos ajuda em nossa fraqueza. Porque não sabemos orar como convém, mas o próprio Espírito intercede por nós com gemidos inexprimíveis. E aquele que sonda os corações sabe qual é a mente do Espírito, porque intercede pelos santos de acordo com a vontade de Deus. Sabemos que todas as coisas cooperam para o bem daqueles que amam a Deus, daqueles que são chamados segundo o seu propósito.* ROMANOS 8:26-28

A epístola aos efésios nos diz que devemos orar "em todo tempo no Espírito, com todo tipo de oração e súplica…". A oração "no Espírito" não é meditação; não é devaneio; é estar cheio do Espírito Santo. Assim, ao orarmos, Ele nos leva à perfeita união diante de Deus, a qual se manifesta em "perseverança e súplica por todos os santos" (EFÉSIOS 6:18). Todo santo de Deus conhece aqueles momentos em que, na comunhão mais íntima com o Pai, nada é articulado, e ainda assim parece haver uma absoluta intimidade entre o Espírito de Deus e o espírito do santo.

A vida consciente e subconsciente do nosso Senhor talvez possa ser explicada desta maneira: a vida subconsciente do nosso Senhor era Deidade, e, apenas ocasionalmente, quando Ele estava na Terra, o subconsciente irrompia em Sua vida consciente. A vida subconsciente do santo é o Espírito Santo e, nos momentos de oração mencionados em Romanos 8:26-28, emerge uma comunhão com Deus na consciência do santo. A única explicação para isso é que o Espírito Santo que habita no santo está transmitindo orações que não podem ser pronunciadas e nos familiariza com os detalhes não percebidos, o poder incomparável e a providência não reconhecida da oração.

Detalhes não percebidos da oração

> *Da mesma maneira, também o Espírito nos ajuda em nossa fraqueza. Porque não sabemos orar como convém, mas o próprio Espírito intercede por nós com gemidos inexprimíveis.* ROMANOS 8:26

Esse versículo detalha para nós as nossas enfermidades, a nossa incapacidade e o nosso Intercessor. O Espírito Santo tem orações especiais em cada santo individualmente, que às vezes o colocam sob a poderosa busca de Deus para descobrir qual é a mente do Espírito. Essa busca do coração é desconcertante no início, pois somos torturados pela nossa própria incapacidade de saber pelo que orar, mas logo somos consolados pela percepção de que Deus está sondando o nosso coração, não para nos condenar pelo pecado, e sim para nos fazer descobrir qual é a mente do Espírito.

O incomparável poder da oração

> *E aquele que sonda os corações sabe qual é a mente do Espírito, porque intercede pelos santos de acordo com a vontade de Deus.* ROMANOS 8:27

Esse versículo descreve a intercessão do Espírito diante de Deus e a identificação com Deus acontecendo na personalidade do santo, totalmente à parte do poder consciente de compreensão do santo. Isso pode ser, seguramente, chamado de "oração sem palavras". Nós esperamos diante de Deus enquanto Ele responde à oração que o Espírito Santo está fazendo em nós. A oração do nosso Senhor em João 17 está intimamente ligada à intercessão do Espírito Santo; essa *Oração Sumo-sacerdotal* explica muitas, se não todas, as coisas misteriosas pelas quais um santo tem de passar.

A providência não reconhecida da oração

> *Sabemos que todas as coisas cooperam para o bem daqueles que amam a Deus, daqueles que são chamados segundo o seu propósito.* ROMANOS 8:28

Um pensamento de grande importância prática é que Deus arquiteta as nossas circunstâncias para nós, se aceitarmos o Seu propósito em Cristo Jesus.

Permita-se pensar que você deve ser uma edição viva e ambulante das orações do Espírito Santo. Não é de admirar que Deus nos exorta a andar na luz! Não surpreende que o Seu Espírito ore em nós e interceda com gemidos inexprimíveis. Podemos nos sentir sobrecarregados ou não; podemos nada saber sobre isso conscientemente. A questão é que Deus nos coloca em circunstâncias nas quais Ele pode responder às orações do Seu Filho e do Espírito Santo. Lembre-se de que a oração de Jesus é: "...que eles sejam um, assim como nós somos um" (JOÃO 17:11). Essa é uma unidade de personalidade na qual a individualidade é completamente transfigurada; é independência perdida e identidade revelada.

É bom lembrar que é o "co-", o conjunto das circunstâncias, que opera para o bem. Deus muda as nossas circunstâncias. Às vezes, elas são brilhantes; às vezes, são o oposto. Contudo, Deus as faz trabalhar juntas para o nosso bem, de modo que, em cada conjunto particular de circunstâncias em que nos encontremos, o Espírito de Deus tenha a melhor oportunidade de orar as orações específicas que se adequem aos Seus desígnios. A razão é conhecida somente por Deus, não por nós.

∼

Para concluir, observemos que, frequentemente, temos como certo que a oração é a preparação para a obra, enquanto a oração é *a* obra. Quando nos apoiamos em nosso próprio entendimento e deixamos de orar, podemos ter sucesso no exterior, mas fracassamos no que é eterno, pois, quanto ao eterno, só temos sucesso mediante a oração prevalente.

A oração do mais fraco santo da Terra que vive no Espírito e se mantém correto para com Deus é um terror para Satanás. Os poderes das trevas são paralisados pela oração. Não é de admirar que Satanás tente manter a nossa mente agitada em trabalho ativo até não conseguirmos pensar em orar.

É uma necessidade vital dos cristãos que sua razão esteja alinhada com o que eles oram. A filosofia da oração é que a oração é *a* obra. Jesus Cristo intercede continuamente por nós no Céu; o Espírito Santo intercede continuamente por nós na Terra; e nós, os santos, temos de interceder continuamente por todos os homens.

Capítulo 5

A DISCIPLINA DA SOLIDÃO

Já não estou no mundo, mas eles continuam no mundo, enquanto eu vou para junto de ti. Pai santo, guarda-os em teu nome, que me deste, para que eles sejam um, assim como nós somos um. [...] Eu lhes tenho dado a tua palavra, e o mundo os odiou, porque eles não são do mundo, como também eu não sou. Não peço que os tires do mundo, mas que os guardes do mal. Eles não são do mundo, como também eu não sou. Santifica-os na verdade; a tua palavra é a verdade. Assim como tu me enviaste ao mundo, também eu os enviei ao mundo.

JOÃO 17:11,14-18

A solidão caracteriza o filho de Deus. No tumulto, na angústia, no desastre, o filho de Deus permanece à sombra do Todo-poderoso. O filho de Deus que anda sozinho com Ele não depende de lugares e estados de espírito; ele leva ao mundo o mistério perpétuo de uma dignidade, imperturbável e não aguilhoado por insulto, que não se abala com vergonha e martírio.

Frequentemente, a cultura da vida totalmente santificada é mal compreendida. A disciplina dessa vida consiste em sofrimento, solidão, paciência e oração. O nosso Senhor passou 30 anos se preparando para três anos de serviço. O padrão moderno é de três horas de preparação para 30 anos de serviço. João Batista e Paulo foram treinados na pesada solidão do deserto, como são todos os personagens do molde heroico de Deus.

Solidão na preparação

Jacó ficou sozinho, e um homem lutava com ele, até o romper do dia. GÊNESIS 32:24

É tão humano e tão típico sermos atraídos por Jesus, ser fascinado por Sua vida. Porém, que dolorosa repulsa muitos de nós experimentamos quando as Suas próprias palavras nos repelem e apagam o fogo da nossa emoção; e, afastando-nos tristes, abandonamos Jesus. O cristianismo se baseia em heroísmo e se manifesta em martírio, e a preparação para ser cristão é drástica, definitiva e destrutiva.

Separação das posses

> *Pondo-se Jesus a caminho, um homem correu ao seu encontro e, ajoelhando-se diante dele, perguntou-lhe: —Bom Mestre, que farei para herdar a vida eterna? Jesus respondeu: —Por que você me chama de bom? Ninguém é bom, a não ser um, que é Deus. Você conhece os mandamentos: "Não mate, não cometa adultério, não furte, não dê falso testemunho, não defraude ninguém, honre o seu pai e a sua mãe". Então o homem respondeu: —Mestre, tudo isso tenho observado desde a minha juventude. E Jesus, olhando para ele com amor, disse: —Só uma coisa falta a você: vá, venda tudo o que tem, dê o dinheiro aos pobres e você terá um tesouro no céu; depois, venha e siga-me. Ele, porém, contrariado com esta palavra, retirou-se triste, porque era dono de muitas propriedades.* (MARCOS 10:17-22)

Essa era a preparação necessária antes que essa alma admirável pudesse tornar-se um discípulo de Jesus Cristo. Usando as palavras do Dr. Donald Davidson:

> Despoje-se de toda posse, corte toda afeição, desapegue-se de todas as coisas, seja como se você fosse uma alma nua, sozinha no mundo; seja simplesmente um mero homem e, então, pertença a Deus. "Venda tudo o que tem [...] e siga-me." Diminua-se, se assim posso dizer, até que não reste mais nada além de sua consciência

de si mesmo; então, lance a autoconsciência aos pés de Deus em Cristo.

O único caminho para Jesus é **solitário**. Você se despirá, se separará e seguirá solitariamente o caminho, ou também irá embora triste?

...se alguém está em Cristo, é nova criatura...
2 CORÍNTIOS 5:17

Não fique admirado por eu dizer: "Vocês precisam nascer de novo". JOÃO 3:7

Jesus Cristo sempre fala a partir da origem das coisas. Consequentemente, quem lida apenas com a superfície o considera uma ofensa.

Separação do que se professa

Então, aproximando-se dele um escriba, disse a Jesus: —Mestre, vou segui-lo para onde quer que o senhor for. Mas Jesus lhe respondeu: —As raposas têm as suas tocas e as aves do céu têm os seus ninhos, mas o Filho do Homem não tem onde reclinar a cabeça. MATEUS 8:19-20

Então Pedro disse a Jesus: —Ainda que o senhor venha a ser um tropeço para todos, não o será para mim! Mas Jesus lhe disse: —Em verdade lhe digo que hoje, nesta noite, antes que o galo cante

duas vezes, você me negará três vezes. Mas Pedro insistia com mais veemência: —*Ainda que me seja necessário morrer com o senhor, de modo nenhum o negarei. E todos os outros diziam a mesma coisa.*
MARCOS 14:29-31

Tais declarações permaneceram enquanto duraram as condições que as motivaram, não mais que isso. Enquanto dura o forte e fervoroso apego a Jesus, o professar é a sua expressão natural. Porém, quando o caminho se estreita e reputações são destruídas, e o veredicto popular é contrário à vergonhosa pobreza e mansidão do Filho do Homem, a profissão de fé murcha na língua — não por covardia, mas porque mudam as condições que aqueciam o coração e os sentimentos, e as palavras da boca são alteradas.

Quando o caminho da alegre renúncia total e imitação de Jesus, nos convictos dias da devoção, se transforma em caminho de dor; quando o heroico isolamento de estar com Jesus termina em sombras; quando Jesus parece fraco diante do mundo; quando o caminho do seguidor termina no caminho de ser escarnecido, então as declarações são arruinadas e os sentimentos do coração são congelados ou transformados em horror e perplexidade. A declaração de Pedro terminou em negação e desastre: "Ele, porém, começou a praguejar e a jurar: —Não conheço esse homem de quem vocês estão falando!" (MARCOS 14:71).

O amor nunca professa; o amor *confessa*.

A pobreza do nosso Senhor e dos Seus discípulos é a exata expressão da natureza da religião de Jesus Cristo — apenas o homem e Deus, o homem sem nada possuir, nada professar. Contudo, quando o Senhor pergunta em algum amanhecer, após um comovente fracasso: "Você me ama?", a alma confessa: "Sim, o Senhor sabe que eu o amo" (JOÃO 21:16). E, quando essa pobreza se torna uma aversão para o farto mundo religioso, o discípulo não *professa*, e sim confessa, com mãos doloridas e pés sangrando: "Eu o amo"; então, ele vai para "fora do acampamento, levando a mesma desonra que [Jesus] suportou" (HEBREUS 13:13).

Em seu trabalho pioneiro, *The Varieties of Religious Experience* (As variedades de experiência religiosa), o professor William James diz:

> A pobreza é, de fato, a vida extenuante —
> sem bandas de metais, sem uniformes, sem
> aplausos populares histéricos, sem mentiras ou
> circunlóquios; e, quando alguém vê a maneira
> pela qual a obtenção de riqueza penetra como
> um ideal no osso e na medula de nossa geração,
> questionamo-nos se um renascimento da crença
> de que a pobreza é uma vocação religiosa não
> pode ser a transformação da coragem militar
> e a reforma espiritual da qual o nosso tempo
> mais necessita.

Nós desenvolvemos, literalmente, o medo de sermos pobres. Desprezamos quem escolhe ser pobre para simplificar e salvar a sua vida interior. Se ele não se juntar ao alvoroço geral e não ansiar por ganhar dinheiro, nós o consideramos desanimado e sem ambição. Nós perdemos o poder de imaginar o que poderia significar a antiga idealização de pobreza: a libertação dos apegos materiais; pavimentar o nosso caminho pelo que somos ou fazemos, e não pelo que temos; em suma, a forma de luta moral.

Separação de posições

Surgiu entre os discípulos uma discussão sobre qual deles seria o maior. Mas Jesus, sabendo o que se passava no coração deles, pegou uma criança, colocou-a junto de si e lhes disse: —Quem receber esta criança em meu nome é a mim que recebe; e quem receber a mim recebe aquele que me enviou; porque aquele que for o menor de todos entre vocês, esse é que é grande. LUCAS 9:46-48

Eles responderam: —Permite-nos que, na sua glória, nos assentemos um à sua direita e o outro à sua esquerda. Mas Jesus lhes disse: —Vocês não sabem o que estão pedindo. Será que podem beber o cálice que eu bebo ou receber o batismo com que eu sou batizado? Eles responderam: —Podemos. Então Jesus lhes disse: —Vocês beberão o cálice que eu bebo e receberão o batismo com que eu sou batizado. Quanto a sentar à minha direita ou à minha esquerda, não me compete concedê-lo, pois é para aqueles a quem está preparado.
MARCOS 10:37-40

O desejo de ser o "mais leal" e o "mais fiel" — o discípulo "mais santo" — produz uma cativante repreensão expressa pelo nosso Senhor, e o nosso coração sente que erramos, mas mal sabemos como. Certamente, era natural os discípulos imaginarem "qual deles seria o maior" (LUCAS 9:46); contudo, quando Jesus os questionou, o coração deles os confundiu e os repreendeu.

> *E Jesus, chamando uma criança, colocou-a no meio deles e disse: —Em verdade lhes digo: se vocês não se converterem e não se tornarem como crianças, de maneira nenhuma entrarão no Reino dos Céus. Portanto, aquele que se humilhar como esta criança, esse é o maior no Reino dos Céus.*
> MATEUS 18:2-4

Por meio da vida implícita de uma criancinha, Jesus ensinou aos discípulos que, se eles não se tornassem como uma criança, de modo algum poderiam entrar no "Reino dos Céus". O verdadeiro filho de Deus é instruído pela implícita devoção amorosa, tão natural quanto respirar e tão espontânea quanto a vida de uma criança.

> *E outro dos discípulos lhe disse: —Senhor, deixe-me ir primeiro sepultar o meu pai. Mas Jesus respondeu: —Siga-me e deixe que os mortos sepultem os seus mortos.* MATEUS 8:21-22

Buscar a posição mais baixa ou a mais alta, ou qualquer posição, é errar totalmente o alvo. Nos dias de preparação, Jesus conduz em um caminho que separa e isola: "O que você busca?"; "A quem você busca?". Os olhos tristes do

Filho de Deus nos atraem para o deserto sozinhos e essas perguntas ressoam em nosso coração. Ele nos tira e separa de todo desejo de posição, lugar ou poder, de todo pedestal de devoção, dedicação ou ação; e, de repente, discernimos o que Ele deseja, mais profundamente do que a língua é capaz de expressar. A obediência à visão celestial, decorrente do renunciar o amor por si mesmo, nos leva ao Céu. Não como amigos fiéis, homens e mulheres morais, almas devotas ou homens e mulheres justos — Jesus nos separa de todas essas posições por uma distância intransponível quando Ele deixa claro para nós que precisamos deixar *tudo*.

Esses momentos solitários são concedidos a cada um de nós. Nós temos atendido a eles?

Solidão na consagração

Não é de admirar que a preparação tenha de ser tão drástica e tão profunda. É fácil dizer coisas acerca da necessidade de preparação, mas nós adotamos muito prontamente o padrão da época, dos nossos companheiros ou do país em que vivemos. Atualmente, a ênfase nos domínios espirituais está na *obra*, não no *obreiro*. Três horas são consideradas preparação suficiente para 30 anos de trabalho. Porém, o nosso Senhor Jesus Cristo teve 30 anos de preparação para três anos de trabalho ostensivo. João Batista teve uma preparação semelhante, e o apóstolo Paulo passou três solitários anos na Arábia.

Algumas palavras do Dr. Alexander Whyte, ao ler o apóstolo Paulo, servirão para nos manter na mentalidade correta para a consideração do tema da solidão na consagração:

Após três anos de ausência, o apóstolo voltou da Arábia para Damasco, absolutamente carregado de todo tipo de doutrinas, orientações e exemplos para nós e para a nossa salvação — basta-nos observá-los e recebê-los. [...] Tal solidão, a mais total e não breve solidão, foi a única coisa que Paulo decidiu manter para si mesmo logo após sua conversão e batismo. [...] E assim é que as Sagradas Escrituras estão, em toda parte, tão repletas de separação, solidão e isolamento: de acomodações no deserto e de portas fechadas na cidade; de madrugadas e horários tardios da noite, e de vigílias noturnas solitárias; de sábados e dias santos, e todos esses tipos de refúgios de retiro espiritual.

A consagração é o ato humano pelo qual nos apresentamos a Deus. O período de consagração pode ser três minutos ou 30 anos, conforme o indivíduo; ou a alma pode degenerar durante a sua consagração. O período de consagração pode ser completamente mal utilizado.

A santificação começa na regeneração e prossegue para uma segunda grande crise, quando Deus, sobre a total renúncia na consagração, concede a Sua graciosa obra completa de santificação. O ponto de plena santificação não é alcançado pela passagem dos anos, e sim por obediência à visão celestial e por meio de disciplina espiritual.

A degeneração espiritual, tão nitidamente retratada na epístola aos hebreus, é provocada por uma consagração fraca e prolongada, durante a qual a alma degenera completamente. "A esse respeito temos muitas coisas a dizer, coisas difíceis de explicar, porque vocês ficaram com preguiça de ouvir. Pois, quando já deviam ser mestres, levando em conta o tempo decorrido, vocês têm, novamente, necessidade de alguém que lhes ensine quais são os princípios elementares dos oráculos de Deus. Passaram a ter necessidade de leite e não de alimento sólido. [...] Por isso, deixando os princípios elementares da doutrina de Cristo, avancemos para o que é perfeito..." (HEBREUS 5:11-12; 6:1).

Aqui, perfeição significa simplesmente a plena maturidade dos poderes de uma pessoa; então começa a sua obra.

Separação do país

> O SENHOR disse a Abrão: —Saia da sua terra, da sua parentela e da casa do seu pai e vá para a terra que lhe mostrarei. GÊNESIS 12:1

> Pela fé, Abraão, quando chamado, obedeceu, a fim de ir para um lugar que devia receber como herança; e partiu sem saber para onde ia.
> HEBREUS 11:8

Abraão! O "peregrino da eternidade", o "pai de todos os que creem". Esses títulos dão um toque enfático e decisivo àquela carreira maravilhosa que realça essa solidão na consagração.

O afastar-se dos ideais, objetivos e maneiras de ver as coisas, peculiares aos seus companheiros sociais, sua sociedade ou seu "país", é uma grande ruptura. Para o indivíduo que está sendo consagrado para uma suprema santificação, esse separar-se é uma dor persistente e premente enquanto não é obedecida. Fugir de seu país ou de seus companheiros é algo covarde e anticristão; isso não é cristianismo, e sim egoísmo covarde. Um olhar cuidadoso sobre a oração do nosso Senhor eliminará de vez tal covardia astuta: "Não peço que os tires do mundo, mas que os guardes do mal. Eles não são do mundo, como também eu não sou" (JOÃO 17:15-16). No cristianismo, o reino e suas leis e princípios devem ser colocados em primeiro lugar, e tudo mais em segundo. Se o santo chamado assim o exigir, é preciso haver obediência instantânea e tal como a de um soldado, deixando tudo e achegando-se ao estandarte de Jesus Cristo. O missionário da cruz não é, primeiramente, um súdito britânico ou americano, e sim um cristão. O missionário não é um patriota santificado, mas alguém cujas afeições romperam todos os limites paroquiais e cujas metas ressoam em uníssono com o próprio coração de Deus.

Um cristão é uma pessoa santificada nos negócios, em assuntos legais ou cívicos, ou em assuntos artísticos e literários. Consagração não é entregarmos a Deus o chamado da vida, e sim nos separarmos de todos os outros chamados e nos entregarmos a Deus, deixando a Sua providência nos colocar onde Ele quiser — nos negócios, na lei, na ciência, na oficina, na política ou no trabalho árduo. Nós devemos estar ali agindo segundo as leis e os princípios do reino de Deus, não segundo os ideais, objetivos ou pontos de vista de determinado grupo social. Isso pode nos tornar loucos aos olhos dos nossos companheiros, e, então, é forte a tentação de sair do nosso "país". Significará trabalhar segundo objetivos diferentes, e jamais devemos nos adequar aos moldes do grupo social ao qual pertencemos. "Negócios são negócios" não é uma verdade para o cristão. Os negócios são uma esfera de trabalho no mundo, na qual uma pessoa exibe as leis e os princípios do reino; caso contrário, ela é covarde, desertora e traidora desse Reino. Esse é um caminho solitário.

Você responderá ao severo, estimulante e heroico apelo na consagração: "Saia de seu país e fique sozinho com Jesus"? É tolo e vergonhoso ser um santo nos negócios. Ser santo pode significar tornar-se pária e ser ridicularizado. Tente! A fé é edificada sobre heroísmo. A consagração é o caminho estreito e solitário para um amor transbordante.

Nós não somos chamados a viver durante muito tempo neste planeta, mas somos chamados a ser santos a todo e a qualquer custo. Se tal obediência lhe custar a vida, pague!

Separação dos companheiros

> *Se alguém vem a mim e não me ama mais do que ama o seu pai, a sua mãe, a sua mulher, os seus filhos, os seus irmãos, as suas irmãs e até a sua própria vida, não pode ser meu discípulo.*
> LUCAS 14:26

Sozinho! Renuncie a tudo! Você não pode consagrar seus filhos, sua esposa, seu marido, seu amigo, seu pai, sua mãe ou sua própria vida como seus. Você precisa abandonar tudo e lançar-se em Deus; procurando, você o encontrará.

O ensinamento que apresenta a consagração como sendo entregar a Deus os nossos dons, nossos bens e nossos amigos é um profundo erro. Tudo isso é abandonado, e nós abdicamos para sempre do *nosso direito a nós mesmos*. Uma alma santificada pode ser um artista ou um músico, mas não é um artista ou um músico santificado: é alguém que expressa a mensagem de Deus mediante um meio específico. Enquanto o artista ou músico imaginar que pode consagrar seus dons artísticos a Deus, estará iludido. O abandono de nós mesmos é o cerne da consagração; não apresentar os nossos dons, e sim apresentar a nós mesmos sem reservas.

A única tônica da consagração é: "Será que vocês não sabem que [...] não pertencem a vocês mesmos? Porque vocês foram comprados por preço. Agora, pois, glorifiquem a Deus no corpo de vocês" (1 CORÍNTIOS 6:19-20). Esse é um caminho solitário e pessoal; não podemos segui-lo com companheiros.

Então Pedro começou a dizer-lhe: —Eis que nós deixamos tudo e seguimos o senhor. Jesus respondeu: —Em verdade lhes digo que não há ninguém que tenha deixado casa, irmãos, irmãs, mãe, pai, filhos ou campos por minha causa e por causa do evangelho, que não receba, já no presente, cem vezes mais casas, irmãos, irmãs, mães, filhos e campos, com perseguições; e, no mundo por vir, receberá a vida eterna. Porém muitos primeiros serão últimos, e os últimos serão primeiros. MARCOS 10:28-31

Como no caso da separação do país, essa separação dos companheiros não é um rompimento covarde, egoísta e imoral dos laços humanos ordenados por Deus. O significado dela é que, se Jesus a exigir, nada deve ficar no caminho; Ele precisa ser o primeiro. Ó, que haja mais desse abandono de consagração e fogo do Céu! Isso criaria um poderoso exército de santos!

Sim, sem a alegria de irmã ou de filha,
Sim, sem a permanência de pai ou de filho,
Solitário na terra e sem-teto nos mares
Eu passo com paciência até que a obra seja feita.

Contudo, não em solidão se Cristo, próximo a mim,
Despertar para si trabalhadores para o grande serviço,
Ó, não em solidão, se as almas que me ouvem
Capturarem da minha alegria a surpresa do júbilo.

Corações que conquistei de irmã ou de irmão
Ágeis sobre a Terra ou escondidos na relva,
Eis que todo coração me espera, outro
Amigo na irrepreensível família de Deus.

F. W. H. MYERS

Essa hora de isolamento e solidão em consagração é seguida por uma bendita e santificada comunhão com outras pessoas, cujo segredo oculto é o coração somente em deleite com Deus. Multidões seguirão sempre que uma alma houver estado no monte com Deus. Se alguém ousasse sussurrá-lo, o aflito sofrimento na consagração solitária é a maneira imperial de Deus de tornar nossa posse eterna aquilo que, antes, tínhamos de maneira intermitente.

Separação dos confortos

> *Mas eu lhes digo a verdade: é melhor para vocês que eu vá, porque, se eu não for, o Consolador não virá para vocês; mas, se eu for, eu o enviarei a vocês [...] agora vocês estão tristes. Mas eu os verei outra vez, e o coração de vocês ficará cheio de alegria, e ninguém poderá tirar essa alegria de vocês.*
>
> JOÃO 16:7,22

As desolações interiores servem a um propósito vital na alma de um cristão. É conveniente que as alegrias das sensações sejam removidas, para que a nossa ideia acerca do caráter cristão não seja mal orientada. No início da experiência espiritual, nós andamos mais pela visão e pelos sentimentos do que por fé. Os confortos, as delícias e as alegrias das sensações são tão extraordinárias que a própria carne se arrepia ao ser guiada pela coluna de nuvem durante o dia e a coluna de fogo à noite. Porém, chega um dia quando tudo isso cessa.

A própria essência do cristianismo não é tanto uma caminhada *com* Jesus, e sim uma caminhada *semelhante* à Sua caminhada, quando permitimos que Ele nos batize com o Espírito Santo e fogo. Como abordamos em "A disciplina do sofrimento" (PÁGINA 41), os sentimentos e emoções aos quais nos entregamos por eles mesmos têm consequências desastrosas. Assim, aqui, o deleite nas experiências sinaliza a aproximação de um falso misticismo, caracterizado por uma interioridade da experiência desenvolvendo-se em uma iluminação particular à parte da Palavra escrita.

Todos os êxtases e as experiências, todas as vozes interiores, as revelações e os sonhos, precisam ser testados pela pura luz exterior de Jesus Cristo e da Sua Palavra. Ao buscá-lo, somos transformados à Sua imagem de glória em glória, quando a consagração se tornou um acordo definitivo. Na vida humana comum, a sanidade é mantida pela correspondência correta com os fatos revelados pelo nosso Senhor Jesus Cristo. Essas experiências não são reconhecidas em tal momento, mas, ao olharmos para trás a partir de um estágio mais maduro, diante da exposição do caminho ao longo do qual Deus nos conduziu, o nosso coração declara: "Amém!".

Tudo isso serve para mostrar que a vida cristã simplesmente reconstrói o raciocínio a partir dos fatos do bom-senso da vida natural, preparando o caminho para aquele caminhar na fé que nada teme, pois o coração está ardendo com o amor de Deus.

A doutrina ou o evangelho peculiar da religião cristã é a total santificação, pela qual Deus toma o indivíduo menos promissor e torna-o um santo. O nosso Senhor não ensina uma anemia consagrada — isto é, a destruição da personalidade. Ele ensina uma muito positiva *morte eterna ao meu direito a mim mesmo*; uma destruição positiva da inclinação ao pecado e uma infusão positiva, em total santificação, do Espírito Santo; uma identidade pronunciada que carrega uma forte semelhança de família com Jesus. Jesus Cristo emancipa a personalidade e torna pronunciada a individualidade. O elemento transfigurador e incalculável é o amor — a devoção pessoal e apaixonada a Ele mesmo e aos outros.

A total santificação coloca os pés de uma pessoa na Terra e a sua cabeça no Céu, e lhe dá a insígnia real dos santos.

Solidão na santificação

> *Então todos o deixaram e fugiram. Um jovem, coberto unicamente com um lençol, seguia Jesus. Eles o agarraram, mas ele largou o lençol e fugiu nu.* MARCOS 14:50-52

Despojados para voar ou seguir?

A solidão da preparação e a da consagração são mais ou menos complicadas pela mistura debilitante de pecado, compaixão e egoísmo. Agora, chegamos à solidão das serenas terras altas onde os silêncios das eternidades de Deus estão sempre por perto. Ó, é grandioso quando o nosso Pai pode nos deixar sozinhos com segurança nas montanhas de Deus, ainda que a escuridão seja indizível. Aqui, Deus nos leva pelos caminhos solitários de aprendizado, habilidade e maestria.

Separação no peneirar

> *E logo o Espírito conduziu Jesus ao deserto, onde ficou durante quarenta dias, sendo tentado por Satanás. Estava com as feras, e os anjos o serviam.* MARCOS 1:12-13

Após o batismo pelo Espírito Santo e pelo fogo, emergimos como mestres no sentido de aptidão para a obra dos santos. Então, Deus nos demonstra a Sua maior misericórdia, pois não nos poupa de exigência alguma dessa maestria ou santidade. Nós nos vemos sozinhos com forças que estão agindo para peneirar e desintegrar, para desanimar e destruir; porém, a nossa comunhão implícita interior nos faz sentir a confiança de Deus em nós. É como se Deus, sorrindo, dissesse a Satanás: "Faça o seu pior; Eu sei que Aquele que está nele é maior do que aquele que está contra ele".

Lembro-me de ter visto, alguns anos atrás, um quadro na *Royal Academy*. Era uma imagem de pouca importância, mas o artista havia compreendido a grandiosa solidão na tentação retratada em Marcos 1:12-13. O deserto tinha uma aparência cinzenta e ameaçadora; distância, melancolia e pavor estavam estampados em todas as rochas e pedras; e, no centro, a figura solitária de Cristo. Nenhum diabo ou anjo foi retratado; somente alguns animais selvagens rondando, acentuando a tremenda solidão daquele momento supremo do peneirar satânico.

Esse mesmo tipo de peneiramento é aplicado a nós? Certamente que sim. "Porque não temos sumo sacerdote que não possa se compadecer das nossas fraquezas; pelo contrário, ele foi tentado em todas as coisas, à nossa semelhança, mas sem pecado" (HEBREUS 4:15).

Quando o nosso aprendizado termina, somos testados como foi o nosso Senhor. No limiar da nossa maestria — ou, dizendo em termos teológicos, após a regeneração e total consagração, quando já passamos pela poderosa crise do batismo do Espírito Santo e começamos a nossa caminhada, obra e adoração sob suprema santificação —, somos tentados como Jesus foi. Não é nossa intenção considerar a natureza daquela tentação, e sim meramente mencionar seu lugar e sua solidão. Ela não é a solidão das dores de parto ou das dores do crescimento: é a solidão do santo. Tal como é na natureza, assim é na graça. O primeiro período da nossa vida natural é de promessa, visão e entusiasmo, no qual os mistérios circunjacentes têm um fascínio que se alterna com medos. Então, chega um momento quando toda a vida subsequente prova os nossos poderes. Santidade significa maestria. A ordem da vida santa é: testemunha, líder, comandante.

A solidão do peneiramento estabelece a ampla e profunda convicção de que o santo substituiu a sua vontade pessoal pela vontade de Deus. A primeira investida da tentação que testa a essência do santo é a solidão; ela chega justamente no limiar da vida supervencedora.

E se Ele decretou que eu deverei, primeiramente,
Ser provado em humildade e adversidades,
Por tribulações, injúrias, insultos,
Desprezos, escárnios, armadilhas e violência —
Sofrendo, abstendo-me, esperando em silêncio,
Sem desconfiança ou dúvida — para que Ele saiba
O que posso suportar, como obedecer?

JOHN MILTON

Separação no sofrimento[3]

Falei essas coisas para que em mim vocês tenham paz. No mundo, vocês passam por aflições; mas tenham coragem: eu venci o mundo. JOÃO 16:33

---

[3] Este assunto é tratado de maneira completa no capítulo: "A disciplina do sofrimento" (página 41).

O mais fundamental que se pode dizer acerca do sofrimento daquele supremamente santificado é que ele brota de uma submissão ativa e não questionadora à vontade de Deus, permitindo que Deus desenvolva na vida dessa pessoa a Sua ideia do que um santo deve ser, assim como desenvolveu na vida de Jesus Cristo o que o Salvador deveria ser. Os sofrimentos do santo não surgem de pecado inato, e sim de obediência à vontade de Deus, que raramente pode ser declarada explicitamente. A vontade de Deus é apreendida pelo Espírito Santo que habita no santo; ela não é apreendida da maneira como a mente apreende uma verdade, e sim da maneira como qualquer elemento incalculável é apreendido intuitivamente.

Um dano imensurável é causado quando a vontade de Deus se torna uma lei exterior a ser obedecida por apreensão consciente. A vontade de Deus é apreendida por um impulso quase inconsciente do Espírito Santo que habita na pessoa. Esse é, essencialmente, um caminho solitário, visto que o santo não sabe por que sofre como sofre, mas compreende, com um conhecimento que ultrapassa o entendimento, que tudo está bem. Sua linguagem é a de Jó: "Mas ele sabe o meu caminho; se ele me provasse, eu sairia como o ouro" (JÓ 23:10).

Quando compreendemos que os santos são a rica glória da herança de Jesus Cristo, acrescentamos luz sobre o mistério do sofrimento deles: "...para que saibam [...] qual é a riqueza da glória da sua herança nos santos" (EFÉSIOS 1:18); "...quando ele vier [...] para ser glorificado nos seus santos e ser admirado em todos os que creram..." (2 TESSALONICENSES 1:10).

O sofrimento dos santos brota de uma ativa submissão e determinação de aceitar intensamente a responsabilidade pessoal de fazer a vontade de Deus. Não é perda de individualidade; isso destrói toda possibilidade de sofrimento e indica a paganização da vida santificada, tão prevalente atualmente. Em vez disso, é a transfiguração da individualidade na maestria do propósito de Deus em Cristo: "até que todos cheguemos à unidade da fé e do pleno conhecimento do Filho de Deus, ao estado de pessoa madura, à medida da estatura da plenitude de Cristo" (EFÉSIOS 4:13).

Nesse momento, todas as coisas estranhas que o retardavam e deformavam foram removidas. Começa, então, a sua vida como mestre cristão, e não há outro tipo de cristão nesse caminho. Nessa suprema santificação ele se desenvolve e atinge níveis cada vez mais altos, como diz tão claramente o apóstolo Paulo:

> *Não que eu já tenha recebido isso ou já tenha obtido a perfeição, mas prossigo para conquistar aquilo para o que também fui conquistado por Cristo Jesus. Irmãos, quanto a mim, não julgo havê-lo alcançado, mas uma coisa faço: esquecendo-me das coisas que ficam para trás e avançando para as que estão diante de mim, prossigo para o alvo, para o prêmio da soberana vocação de Deus em Cristo Jesus. Todos, pois, que somos maduros, tenhamos este modo de pensar; e, se em alguma coisa vocês pensam de modo diferente, também isto Deus revelará para vocês. Seja como for, andemos de acordo com o que já alcançamos.* FILIPENSES 3:12-16

Separação no serviço
Um santo não é um instrumento de Deus; ele é um mestre em obras para Deus. Uma pessoa pode ser usada como instrumento de Deus sem ser serva de Deus. Nós também podemos ter descoberto que, durante o nosso tempo de aprendizado, Deus nos permitiu trabalhar, não para Ele, e sim para o nosso próprio aperfeiçoamento. Agora, porém, Deus leva os santos aos Seus empreendimentos para batalhar e edificar.

Após a Sua ressurreição, Jesus disse aos discípulos: "Assim como o Pai me enviou, eu também envio vocês" (JOÃO 20:21). E, novamente: "Portanto, vão e façam discípulos de todas as nações..." (MATEUS 28:19). Também, em Sua oração sacerdotal, o nosso Senhor orou: "Assim como tu me enviaste ao mundo, também eu os enviei ao mundo" (JOÃO 17:18). E o apóstolo Paulo, escrevendo a Timóteo, disse: "Procure apresentar-se a Deus aprovado, como obreiro que não tem de que se envergonhar, que maneja bem a palavra da verdade" (2 TIMÓTEO 2:15).

Todas essas palavras respiram ação, energia e obra-prima triunfante. Jesus não disse: "Vão e conversem acerca de fazer discípulos", e sim: "Vão e *façam* discípulos". O Deus Todo-poderoso regenera a alma das pessoas; nós fazemos discípulos. Estamos fazendo isso?

A obra que você faz para Deus afeta o coração das pessoas ao seu redor com um amor sentimental por você? Ou toda recordação de você causa uma vigorosa comoção nos corações para fazerem uma obra melhor e mais grandiosa para Deus? O apóstolo Paulo exclama, exultante: "Pois quem é a nossa esperança, ou alegria, ou a coroa em que nos gloriamos na presença de nosso Senhor Jesus em sua vinda? Não é verdade que são vocês? Sim, vocês são realmente a nossa glória e a nossa alegria!" (1 TESSALONICENSES 2:19-20). Você consegue ver o resultado: a criação de santos? O que você está fazendo com as milhares de almas que o poderoso Espírito de Deus está regenerando? Você está despojado e na obra, estudando, orando, sofrendo para fazer delas discípulos?

Ouça a voz do seu Senhor: "Assim como o Pai me enviou, eu também envio vocês" (JOÃO 20:21). Não está na hora de você se apresentar diante de Deus em serviço e dizer: "Pai, olhe as minhas mãos, o meu coração e a minha mente: Jesus me purificou"? E Ele lhe responderá: "Filho, vá hoje trabalhar na vinha" (MATEUS 21:28).

Portanto, para fazer discípulos, nós mesmos precisamos ter sido feitos discípulos. Não há um caminho real para a santidade e o discipulado. O caminho da cruz é o único caminho. Muito provavelmente, o obreiro de Deus terá de seguir o caminho que o seu Senhor seguiu.

Os elementos da sina de um obreiro de Deus são aqueles que, antes de tudo, fazem dele um obreiro. O primeiro resplendor da carreira de um obreiro de Deus pode ser em glória e aclamação, levando à bendita transfiguração. Então, vem a descida para o vale, cada vez mais profundo, até que, nesse lugar solitário, labutando sem ser visto, conhecido ou notado, ele atinge a agonia da solidão, quando o Pai parece ter um coração de gelo, e ele brada: "Por que me desamparaste?". Esse não é um brado de fraqueza, nem de imperfeição, nem de dúvida quanto a Deus, mas um brado do último toque de heroísmo do obreiro de Deus que está sendo assemelhado à morte de Jesus, não por si mesmo ou por seu próprio aperfeiçoamento, e sim pela obra de Deus. Isso o leva ao limiar daquele terrível abismo do próprio Obreiro-mestre, onde Ele foi deixado a sós com a morte e se tornou tão isolado quanto o pecado. Em meio às ramificações espirituais de tal experiência não compartilhada e insondável, Ele bradou: "Deus meu, Deus meu, por que me desamparaste?" (MATEUS 27:46).

Com admiração, amor e temor, o obreiro de Deus agradece a Ele pela "glória e paixão desta meia-noite", pois ela o levou ao limiar de uma compreensão da solidão de Jesus Cristo, que foi feito "pecado por nós, para que, nele, fôssemos feitos justiça de Deus" (2 CORÍNTIOS 5:21).

Sozinho com Deus

Quieto, quieto contigo, quando irrompe a
manhã púrpura,
Quando o pássaro acorda e as sombras
desvanecem;
Mais bela do que a manhã, mais encantadora
do que a luz do dia,
Amanhece a doce consciência de
que estou contigo.

Sozinho contigo, entre as místicas sombras,
O solene silêncio da natureza recém-nascida;
Sozinho contigo, em adoração sem fôlego,
No calmo orvalho e frescor da manhã.

HARRIET BEECHER STOWE

A disciplina da solidão

"...na tua presença há plenitude de alegria, à tua direita, há delícias perpetuamente" (SALMO 16:11). Essa caminhada a sós com Deus é um intransferível arrebatamento que conduz, cada vez mais, pelo deleite eterno, a prosperidade eterna e o paraíso eterno.

Deleite eterno

> *Portanto, eis que eu a atrairei, e a levarei para o deserto, e lhe falarei ao coração. E ali eu lhe devolverei as suas vinhas e farei do vale de Acor uma porta de esperança. Ali ela me responderá como nos dias da sua mocidade e como no dia em que saiu da terra do Egito. "Naquele dia", diz o SENHOR, "ela me chamará de 'Meu Marido', e não me chamará mais de 'Meu Baal'. [...] Farei de você a minha esposa para sempre. Farei de você a minha esposa em justiça, em juízo, em bondade e em misericórdia. Farei de você a minha esposa em fidelidade, e você conhecerá o SENHOR."*
> OSEIAS 2:14-16,19-20

Tudo que conhecemos de bem-aventurança e deleite na amizade e comunhão com mentes afins é apenas o mais fraco prenúncio da imensurável satisfação na comunhão exclusiva com Deus. Quão resolutamente a linguagem das Escrituras menciona os relacionamentos humanos como o único meio de sugerir o indescritível deleite dessa comunhão eterna com Deus! Assim como a linguagem dos amantes é inexplicável a uma natureza desamorosa, a linguagem do coração em sua solidão com Deus é inexplicável a quem não tem um relacionamento semelhante. Há coisas "que homem nenhum tem permissão para repetir" (2 CORÍNTIOS 12:4), não porque transcendem a linguagem, e sim porque se baseiam na sagrada intimidade de uma alma individual unida a Deus em amor. É possível tomar perigosamente a linguagem do amor e degradá-la em uma linguagem chã; e é possível tomar perigosamente a linguagem da alma sozinha nessas caminhadas de deleite eterno e degradá-la a um horror chafurdante.

A ousada suficiência de Cânticos de Salomão é um exemplo de quão fácil é fazer esse sublime cântico rebaixar-se a uma luxúria sensual. Porém, para a alma que anda a sós com Deus, a linguagem de Cânticos é a mais seleta de toda a Bíblia para expressar adequadamente o deleite eterno dessa bendita solidão: "Beije-me com os beijos de sua boca! Porque o seu amor é melhor do que o vinho [...] como perfume derramado é o seu nome. Por isso, as donzelas o amam. Leve-me com você! Vamos depressa! O rei me introduziu nos seus aposentos. Exultaremos e nos alegraremos por sua causa; do seu amor nos lembraremos, mais do que do vinho. Não é sem razão que o amam" (CÂNTICOS DOS CÂNTICOS 1:2-4).

Possivelmente, apenas quando ficamos a sós com Deus estamos em condição adequada de compreender as fortes palavras de Jesus e não abusar delas: "Não deem aos cães o que é santo, nem joguem as suas pérolas diante dos porcos, para que estes não as pisem com os pés e aqueles, voltando-se, não estraçalhem vocês" (MATEUS 7:6).

"E a vida eterna é esta: que conheçam a ti, o único Deus verdadeiro, e a Jesus Cristo, a quem enviaste" (JOÃO 17:3). Isso constitui a vida eterna — um crescente conhecimento do

Deus insondável e de Seu Filho unigênito. Conhecê-lo é prazer eterno! Quão distante isso está do nosso conceito de recompensas, coroas e Céu!

Se não conhecemos essa mesma comunhão indescritível, o caminho de uma alma andando a sós com Deus parece um caminho obscurecido por tristeza e insano por fanatismo.

Eu estou no monte de Deus,
Com a luz do sol em minha alma;
Eu ouço as tempestades nos vales abaixo,
Eu ouço o estrondo do trovão.

Porém, estou calmo contigo, meu Deus,
Sob esses céus gloriosos;
E, à altitude em que estou,
Nem tempestades, nem nuvens podem subir.

Ah, isso é vida! Ah, isso é alegria!
Encontrar-te assim, meu Deus;
Ver Teu rosto, ouvir Tua voz,
E conhecer todo o Teu amor!

C. B. BUBIER

Prosperidade eterna

O Deus eterno é a sua habitação e, por baixo de você, ele estende os braços eternos. Ele expulsou os inimigos de diante de você e disse: 'Destrua-os'. Israel, pois, habitará seguro, a fonte de Jacó habitará a sós numa terra de cereal e de vinho;

e os seus céus destilarão orvalho. Feliz é você, ó Israel! Quem é como você? Povo salvo pelo SENHOR, *que é o escudo que o socorre, a espada que lhe dá alteza. Assim, os seus inimigos se sujeitarão a você, e você pisará os seus altos.*

DEUTERONÔMIO 33:27-29

A ideia de uma pessoa acerca de prosperidade depende de onde as suas esperanças estão fundamentadas — em Deus ou em um boato sobre Deus; no Deus vivo ou em ideias acerca de Deus. É no caminho a sós com Deus que a alma diz, com Jó: "Eu te conhecia só de ouvir, mas agora os meus olhos te veem. Por isso, me abomino e me arrependo no pó e na cinza." (JÓ 42:5-6).

A sós com Deus! É ali que se torna conhecido o que está escondido com Deus — os ideais de Deus, as esperanças de Deus, os feitos de Deus — o verdadeiro Deus. Essa ideia é colocada em linguagem revigorante pelo Dr. Josiah Strong:

> A suprema necessidade do mundo é pelo Deus real; não o Grande Talvez, e sim o grande "Eu sou"; não um Deus de ontem; não um Deus "ausente", e sim um Deus que está precisamente aqui; não um Deus de domingo, e sim um Deus de todos os dias. [...] A religião vital sempre percebe Deus, enquanto a irreligião ou mundanismo é uma negação prática dele; é viver como se Deus não existisse; é descartar o maior fato do Universo, o que é, obviamente, a maior asneira do Universo.

> *Ele entendeu que ser desprezado por causa de Cristo era uma riqueza maior do que os tesouros do Egito, porque contemplava a recompensa [...] permaneceu firme como quem vê aquele que é invisível.*
>
> HEBREUS 11:26-27

A sós com Deus! Toda esperança e toda aspiração brotam dessa fonte, e, consequentemente, toda prosperidade é medida a partir dessa fonte, e a prosperidade que brota de qualquer outra fonte é vista como desastrosa. "O prazer do Senhor" prosperou nas mãos de Seu Filho, nosso Senhor Jesus Cristo, pelo caminho desastroso do fracasso, como o mundo mede a prosperidade. "Todavia, ao SENHOR agradou esmagá-lo, fazendo-o sofrer. Quando ele der a sua alma como oferta pelo pecado, verá a sua posteridade e prolongará os seus dias; e a vontade do SENHOR prosperará nas suas mãos" (ISAÍAS 53:10).

Indo a sós com Deus, o prazer de Jeová prosperando em nossas mãos! Que prazer e que prosperidade! O nosso Senhor andava a sós com Deus; Ele não fez caso da ignomínia e das pisaduras, porque o Seu Pai estava efetuando o Seu bom prazer em Seu próprio inescrutável caminho; agora, nós seguimos os Seus passos, e o prazer do Senhor prosperará em nossas mãos.

Em que consiste tal prazer? Fazer discípulos. O prazer do Senhor que prosperou em nosso Senhor e Salvador foi ver a Sua semente, isto é, tudo que entendemos por regeneração e completa santificação. O prazer do Senhor Deus é visto quando andamos a sós com Ele enquanto vivemos, nos movemos e existimos no mundo. Não somos marcados pelos moldes da era em que vivemos; exibimos tantas características intrigantes que as pessoas são obrigadas a parar e perguntar, e, assim, o prazer do Senhor prospera em nossas mãos.

Essa é uma prosperidade que, começando no mais íntimo do mais íntimo, transpõe-se até o mais exterior. É uma prosperidade que se transfigura com a beleza da santidade; uma prosperidade que, tão seguramente quanto é interior, se manifestará externamente até o limite máximo.

Paraíso eterno

> ...*a fim de que todos sejam um. E como tu, ó Pai, estás em mim e eu em ti, também eles estejam em nós, para que o mundo creia que tu me enviaste. Eu lhes transmiti a glória que me deste, para que sejam um, como nós o somos; eu neles, e tu em mim, a fim de que sejam aperfeiçoados na unidade, para que o mundo conheça que tu me enviaste e os amaste, como também amaste a mim. —Pai, a minha vontade é que, onde eu estou, também estejam comigo os que me deste, para que vejam a minha glória que me conferiste, porque me amaste antes da fundação do mundo. Pai justo, o mundo não te conheceu. Eu, porém, te conheci, e também estes reconheceram que tu me enviaste. Eu lhes fiz conhecer o teu nome e ainda o farei conhecer, a fim de que o amor com que me amaste esteja neles, e eu neles esteja.*
> JOÃO 17:21-26

Paraíso é uma palavra bonita, com um significado enfático que nenhuma outra palavra transmite; especificamente, espiritual e material.

> *A cidade não precisa do sol nem da lua para lhe dar claridade, pois a glória de Deus a ilumina, e o Cordeiro é a sua lâmpada. As nações andarão mediante a sua luz, e os reis da terra lhe trazem a sua glória. Os seus portões jamais se fecharão de dia, pois nela não haverá noite. E lhe trarão a glória e a honra das nações. Nela não entrará nada que seja impuro, nem o que pratica abominação e mentira, mas somente os inscritos no Livro da Vida do Cordeiro.* APOCALIPSE 21:23-27

Esse paraíso eterno, no qual entram agora as pessoas que andam a sós com Deus, não deve ser espiritualizado como um mero estado interior da alma. Esta Terra ainda será governada pelos santos: "O reino do mundo se tornou de nosso Senhor e do seu Cristo..." (APOCALIPSE 11:15). Os santos, com uma provada e heroica maestria da Terra, do ar e do céu, reinarão em um paraíso muito real e concreto.

Assim como inferimos do mundo material tangível um substrato espiritual invisível, também deve haver um mundo concreto que será apenas a manifestação desse substrato, pelo qual podemos inferir o seu caráter. É "por seus frutos" que se conhece o caráter das pessoas e da sociedade. E, desta presente ordem de coisas, inferimos também um poder invisível que leva à desintegração e destruição. Contudo, em todo coração humano espreita uma esperança implícita de uma ordem diferente. Tais esperanças se desvanecem e falham, e a visão tarda tanto que os corações ficam doentes e amargurados. Porém, para a alma a sós com Deus, o segredo é conhecido e torna-se verdadeiro, assim já teve início um paraíso que pressagia uma bem-aventurança mais magnífica e maior do que jamais o coração humano conseguiu imaginar.

O reino, ou Paraíso, que hoje não pode ser visto por quem nunca esteve a sós com Deus, algum dia, em um súbito palco catastrófico, alterará a configuração do globo terrestre. "O deserto e a terra seca se alegrarão; o ermo exultará e florescerá como o narciso. Ele se cobrirá de flores, dará gritos de alegria e exultará. [...] Eles verão a glória do SENHOR, o esplendor do nosso Deus" (ISAÍAS 35:1-2).

Esse não é um sonho frágil, falso ou espiritualizado que brota no coração humano, e sim um paraíso real e visível de Deus. "A esperança brota eternamente no peito do homem"[4] e será abundantemente satisfeita em Deus.

A sós com Deus, temos a glória que Jesus teve, aqui e agora — a glória da Sua santidade. E, sendo "transformados, de glória em glória, na sua própria imagem..." (2 CORÍNTIOS 3:18), os santos prosseguem para cada lugar de realização, "[seguindo] o Cordeiro por onde quer que ele vá..." (APOCALIPSE 14:4).

E, maravilha das maravilhas, isso é, afinal, somente o fim das etapas no tempo. Porém, e quando o tempo não existir mais, quando não estivermos mais confinados pelo tempo e espaço, como podemos nós conceber como isso será?

---

[4] Citação de Alexander Pope (1688–1744), um dos maiores poetas britânicos do século 18.

Mas, como está escrito: "Nem olhos viram, nem ouvidos ouviram, nem jamais penetrou em coração humano o que Deus tem preparado para aqueles que o amam". 1 CORÍNTIOS 2:9

Amados, agora somos filhos de Deus, mas ainda não se manifestou o que haveremos de ser. Sabemos que, quando ele se manifestar, seremos semelhantes a ele, porque haveremos de vê-lo como ele é. 1 JOÃO 3:2

Capítulo 6

A DISCIPLINA DA PACIÊNCIA

Espera no Senhor. *Anima-te, e ele fortalecerá o teu coração; espera, pois, no* Senhor.

(SALMO 27:14 ARC)

Para a maioria das mentes, a paciência está associada à exaustão ou a "pacientes"; consequentemente, qualquer coisa robusta e vigorosa parece estar naturalmente ligada a tudo que é impaciente e impetuoso. Porém, a paciência, tão amplamente abordada na Bíblia, é o resultado de uma força bem centrada. "Esperar no Senhor" e "descansar no Senhor" é indicação de uma fé saudável e santa, enquanto a impaciência é um indício de incredulidade doentia e ímpia. Essa força bem centrada, ou paciência, forma uma característica proeminente na revelação bíblica de Deus, do nosso Senhor Jesus Cristo e dos santos.

A paciência de Deus

Será que você não sabe, nem ouviu que o eterno Deus, o SENHOR, o Criador dos confins da terra, nem se cansa, nem se fatiga? (ISAÍAS 40:28)

Ora, o Deus da paciência... (ROMANOS 15:5)

Quão impassível, embora não distante, é o nosso Deus no tocante aos assuntos da humanidade! Ele não muda; contudo, está envolvido em todas as perplexidades e amores daqui. Os deuses de outras religiões ficam indiferentes diante dos problemas das pessoas, simplesmente porque não se importam com elas; porém, por Seu amor e compaixão, o nosso Deus impõe a si mesmo a nossa fraqueza e dor, embora não se afaste da força bem centrada de Seus poderosos propósitos. Se rastrearmos na Bíblia, com reverência, as linhas ao longo das quais a paciência de Deus mais obviamente flui, isso nos enriquecerá muito. Rastreemos, por exemplo, a paciência de Deus com as eras do mundo, a anarquia do mundo e o reconhecimento do mundo.

As eras do mundo

Conforme a Bíblia, a história do mundo é dividida em eras: (1) pré-adâmica; (2) edênica; (3) antediluviana; (4) mosaica; (5) a Igreja; (6) o reino. O fato notável no registro das eras que foram, que são e que serão é que cada era termina em aparente desastre. Nesse contexto, leia com atenção (1) Gênesis 1:2; (2) Gênesis 3:24; (3) Gênesis 7:19; (4) João 19:15-16; (5) 2 Tessalonicenses 2:1-4; (6) Apocalipse 20:7-9. Isso é inesperado, porque, naturalmente, seria de se supor que a Bíblia mostraria quão bem-sucedido Deus foi com as eras do mundo. Bem-sucedido, isto é, segundo o que nós consideramos sucesso. Pela Bíblia não provar isso, a mente das pessoas se revolta e diz que todos os planos de Deus foram derrubados pelo diabo e Deus levou um xeque-mate, por assim dizer. Ou então essas pessoas dizem que a visão bíblica é simplesmente a fantasia de alguns antigos religiosos geniais e não tem utilidade alguma para nós na atualidade.

Talvez a ilustração de um artista trabalhando em uma grande tela lance mais luz sobre a atitude do Deus da Bíblia quanto às eras do mundo. Nos estágios preliminares de sua obra, o artista pode fazer um esboço a carvão e, durante vários dias, a beleza desses esboços pode conquistar a nossa admiração. Então, certo dia, ficamos perplexos ao descobrir que ele começou a confundir e cobrir com tintas todos os seus belos traços, mas ele está realmente interpretando o significado que estava escondido de nós.

Ou tome a maneira tradicional de erguer um andaime e erigir a estrutura interior. O andaime pode ser tão habilmente erguido e admiravelmente disposto em partes, e pode estar lá há tanto tempo, que chegamos a considerar que é esse o esquema que estava na mente do arquiteto. Então, certo dia, vemos o afrouxamento de cordas, tábuas e escadas, e o tumulto destrói para sempre a habilidade e a bela disposição do andaime; porém, tudo isso está acontecendo para revelar a verdadeira construção, para que ela possa revelar a sua nobreza diante de todos como algo belo. Isso é algo semelhante à revelação bíblica e à maneira como Deus lida com as eras do mundo.

Há quem confunda o esboço com uma obra de arte acabada ou o andaime com a construção enquanto, o tempo todo, Deus está realizando o Seu propósito com grande e inabalável paciência.

> *O Senhor não retarda a sua promessa, ainda que alguns a julguem demorada. Pelo contrário, ele é paciente com vocês, não querendo que ninguém pereça, mas que todos cheguem ao arrependimento.*
> (2 PEDRO 3:9)

A anarquia do mundo

> *O SENHOR viu que a maldade das pessoas havia se multiplicado na terra [...] e isso lhe pesou no coração.* (GÊNESIS 6:5-6)

> *Porque ele dizia: "Certamente eles são o meu povo, filhos que nunca me trairão". [...] Mas eles foram rebeldes e contristaram o seu Espírito Santo...*
> (ISAÍAS 63:8-10)

Exceto a visão bíblica, todas as outras visões sobre o pecado o veem como uma doença, uma fraqueza, um erro, uma enfermidade. Porém, a Bíblia revela que o pecado é uma anarquia — não meramente errar o alvo, e sim uma recusa em mirar no alvo. O pecado é a inclinação ao autogoverno, que é inimizade ou hostilidade contra Deus (VEJA ROMANOS 8:7).

Ao rastrearmos, desde Gênesis, a indicação clara da paciência de Deus com tal anarquia, e o Seu agir, na expiação, ao lidar com essa inclinação fundamental da anarquia contra Ele, percebemos a insondável paciência sobrenatural de Deus. Ao longo das eras, a história prova que o pecado no ser humano torna o coração naturalmente ateu. Todos nós somos ateus no coração, e o mundo inteiro não passa de um gigantesco palácio de espelhos onde nos vemos refletidos — e chamamos de Deus esse reflexo.

Isaías 63:8-10, já citado, demonstra a paciência de Deus com essa inclinação à anarquia em Seus próprios filhos. No Novo Testamento, esse espírito anarquista é denominado "velha natureza" e "mente carnal", que, enquanto não for crucificado pela identificação com a cruz de Cristo, continuamente se rebelará e irritará o Espírito Santo de Deus. Esse espírito de anarquia é o que tem confundido a interpretação da maneira como Deus lidas com as pessoas.

O reconhecimento do mundo

> *Assim diz o Senhor DEUS, o Santo de Israel: "Na conversão e no descanso está a salvação de vocês; na tranquilidade e na confiança reside a força de vocês. Mas vocês não quiseram [...]." Por isso, o SENHOR espera, para ter misericórdia de vocês...*
> ISAÍAS 30:15,18

Quão longânimo é o nosso Deus até o reconhecermos! E quão repletas de sofrimento, perplexidade, tristeza e coisas piores são as pessoas enquanto não reconhecem a Deus.

"Deus prova o seu próprio amor para conosco pelo fato de Cristo ter morrido por nós quando ainda éramos pecadores" (ROMANOS 5:8). A frase "seu próprio amor" é linda; trata-se do amor pessoal e peculiar de Deus, assim como o amor de uma mãe é o seu próprio amor peculiar e o amor de um pai é o seu próprio amor peculiar. Todo tipo diferente de amor ilustra algum aspecto do amor de Deus, mas não devemos nos esquecer de que o amor de Deus é o Seu próprio amor peculiar.

Aqui, a palavra traduzida como "prova" transmite o significado de *recomendar*. Devido à inclinação decorrente de anarquia contra Deus, as pessoas não veem ou creem que a cruz de Cristo é a expressão do próprio amor de Deus. Porém, quando um homem é convencido do pecado, começa a discernir o amor maravilhosamente paciente de Deus; e, quando olha para a cruz, seu coração percebe lentamente: "Certamente, agora eu vejo que Ele tomou sobre si as *minhas* enfermidades e as *minhas* dores levou sobre si [...]. Mas ele foi traspassado por causa das *minhas* transgressões..." (VEJA ISAÍAS 53:4-5). Tal visão moral é um reconhecimento do próprio amor paciente de Deus com duplo veredicto: primeiro, que Deus é amor e, segundo, que o coração humano é desesperadamente ímpio.

Enquanto o mundo não reconhece a Deus, frequentemente o resultado da paciência de Deus é que os Seus propósitos são realizados no mau momento da humanidade e não, como muitos dizem, no bom momento de Deus. O bom momento de Deus é *agora*, e os Seus filhos, bem como os demais, causam a reiteração destas Suas palavras: "Na conversão e no descanso está a salvação de vocês; na tranquilidade e na confiança reside a força de vocês. Mas vocês não quiseram" (ISAÍAS 30:15). Cuidado para não deixar para amanhã sua observância dos decretos de Deus. No tocante ao cumprimento de alguns desses decretos, como nossa salvação, santificação e serviço sacramental, o necessário não é uma espera submissa, e sim o levantar de nossas mãos e o reconhecimento do direito de Deus sobre nós.

Eis, porém, uma solene e incômoda palavra de advertência: não despreze a paciência de Deus; não o faça esperar além do limite.

> *Antes de tudo, saibam que, nos últimos dias, virão escarnecedores com as suas zombarias, andando segundo as próprias paixões e dizendo: "Onde está a promessa da sua vinda? Porque, desde que os pais morreram, todas as coisas permanecem como desde o princípio da criação".* (2 PEDRO 3:3-4)

A paciência do nosso Senhor

> *...olhando firmemente [...] para [...] Jesus, o qual [...] suportou a cruz, sem se importar com a vergonha, e agora está sentado à direita do trono de Deus. Portanto, pensem [nele] que suportou tamanha oposição [...], para que vocês não se cansem nem desanimem.* (HEBREUS 12:2-3)

Em muitas áreas da comunidade cristã atual, o entusiasmo pela humanidade é a principal característica, mas temos uma perspectiva diferente quando consideramos a vida do nosso Senhor Jesus Cristo e percebemos que a Sua obediência primária era à vontade do Seu Pai, não às necessidades da humanidade. É difícil ajustar o relacionamento desses dois chamados, mas o delicado ajuste é realizado pelo Espírito de Deus. O Espírito e a Palavra de Deus sempre colocam o que é principal em primeiro lugar; a prioridade é o amor a Deus e a obediência a Deus, vindo, depois, o serviço à humanidade.

Então, consideremos o tema da paciência do nosso Senhor sob três tópicos: A vontade do Pai; A fraqueza do Pai e A espera do Pai.

1) *A vontade do Pai*

O elemento oculto na tentação de nosso Senhor por Satanás foi o diabo buscar remover a "coisa principal". Satanás tentou o nosso Senhor como tentou o primeiro Adão: fazer a obra de Deus à Sua própria maneira. O ponto subjacente nas respostas extenuantes do nosso Senhor indica sempre uma única direção: Deus e a vontade de Deus em primeiro lugar. "Porque eu desci do céu, não para fazer a minha própria vontade, mas a vontade daquele que me enviou" (JOÃO 6:38). O autor de Hebreus enfatiza isso: "Então eu disse: 'Eis aqui estou! No rolo do livro está escrito a meu respeito. Estou aqui para fazer, ó Deus, a tua vontade'" (HEBREUS 10:7). A luz lançada sobre os sofrimentos do nosso Senhor como um indivíduo interpretará esta notável declaração: "Embora fosse Filho, aprendeu a obediência pelas coisas que sofreu" (HEBREUS 5:8).

Os sofrimentos do nosso Senhor não consistiram em uma determinação contrária à vontade do Seu Pai, e sim no fato de que Ele, sem dúvida, deixava Deus Pai expressar, através da Sua vida, como deveria ser o Salvador do mundo. "Pai, se queres, afasta de mim este cálice! Contudo, não se faça a minha vontade, e sim a tua" (LUCAS 22:42).

A paciência do nosso Senhor com a vontade e o propósito do Pai é um tema maravilhoso para estudar. E o próximo aspecto no qual a paciência do nosso Senhor se manifesta é mais surpreendente e, ao mesmo tempo, mais esclarecedor: a paciência do nosso Senhor com a fraqueza do Pai.

2) *A fraqueza do Pai*
A frase "a fraqueza de Deus" é surpreendente, porém bíblica: "...a fraqueza de Deus é mais forte do que a força humana" (1 CORÍNTIOS 1:25). Nosso espanto surge do fato de que o que chamamos de força, pelo ponto de vista natural, pode ser fraqueza; e que o que Deus chama de força é, com demasiada frequência, considerado pelas pessoas como fraqueza. Isso se aplica à vida de Jesus Cristo vista pela perspectiva do homem natural. A fraqueza do Pai é exposta no berço e na cruz.

"Portanto, o Senhor mesmo lhes dará um sinal: eis que a virgem conceberá e dará à luz um filho e lhe chamará Emanuel" (ISAÍAS 7:14). Quanta atenção você pensa que o poderoso Império Romano, cujas legiões e suas pesadas marchas abalaram o mundo, prestou àquele bebezinho nascido de uma camponesa judia e colocado no cocho de uma vaca? Aquilo estava longe da possibilidade de ser notado pela gigantesca potência mundial daquela época. Como afirmou G. K. Chesterton:

Todos os impérios e reinos fracassaram devido a essa inerente e contínua fraqueza; eles foram fundados por homens fortes e sobre homens fortes, mas essa instituição única, a histórica Igreja Cristã, foi fundada sobre um homem fraco e, por isso, é indestrutível, porque nenhuma corrente é mais forte do que o seu elo mais fraco.

Esse escritor destaca o que estamos enfatizando: pelo ponto de vista humano, as maneiras de Deus trabalhar são fraquezas.

Quão paciente foi o nosso Senhor com a fraqueza de Deus! E Ele nunca se explicou a pessoa alguma, exceto quando recebeu, reconheceu e confiou no Espírito Santo. O nosso Senhor poderia ter ordenado que doze legiões de anjos o ajudassem, mas não o fez. "Ou você acha que não posso pedir a meu Pai, e ele me mandaria neste momento mais de doze legiões de anjos?" (MATEUS 26:53).

Que fraqueza! O nosso Senhor viveu 30 anos em Nazaré com Seus irmãos que não criam nele (VEJA JOÃO 7:5); viveu três anos de popularidade, escândalo e ódio; fascinou uma dúzia de discípulos, todos os quais, ao fim deste período, o abandonaram e fugiram (VEJA MARCOS 14:50); finalmente, foi preso pelos poderes constituídos e crucificado fora dos muros da cidade. Julgado sob todos os pontos de vista, exceto pelo ponto de vista do Espírito de Deus, a Sua vida foi totalmente uma manifesta expressão de fraqueza, e as pessoas do mundo pagão que pensavam qualquer coisa sobre Ele só podem ter pensado que, certamente, agora Ele e Sua louca história tinham sido eliminados.

É esse fator de fraqueza que, por si só, ilustra a revelação fornecida no Antigo e no Novo Testamentos: "Foi subindo como um renovo diante dele e como raiz de uma terra seca. Não tinha boa aparência nem formosura; olhamos para ele, mas não havia nenhuma beleza que nos agradasse" (ISAÍAS 53:2). Contudo, quando a sabedoria humana se torna loucura pelo irromper do Espírito de Deus, o homem compreende a indizível sabedoria de Deus e a imensurável força de Deus que residem no que antes esse homem chamava de loucura e fraqueza.

Semelhantemente, a cruz, o ápice da vida terrena do nosso Senhor, é uma exposição da fraqueza de Deus: "...nós pregamos o Cristo crucificado, escândalo para os judeus, loucura para os gentios" (1 CORÍNTIOS 1:23).

Provavelmente, na cruz, mais do que em qualquer outro aspecto da vida do nosso Senhor, vemos a pedra de tropeço apresentada à sabedoria do mundo. Nem mesmo o mais sábio e inteligente dos homens e das mulheres, pelo ponto de vista natural, é capaz de entender por que Deus não fala. Incompreensão, preconceitos e incredulidade prevalecem entre todos, até que, ao receberem o Espírito de Deus como criancinhas, percebem que, desde o berço até a cruz, o nosso Senhor Jesus Cristo é a suprema Palavra eterna de Deus.

3) *A espera do Pai*

> *É necessário que ele reine até que tenha*
> *posto todos os inimigos debaixo dos seus pés.*
> (1 CORÍNTIOS 15:25)

É de enorme importância lembrar que o nosso dever é ajustar as nossas doutrinas ao nosso Senhor Jesus Cristo, não ajustar o nosso Senhor às nossas doutrinas. O nosso Senhor é Deus-Homem; não metade Deus e metade humano, mas um ser singular revelado do Céu, e somente o Espírito Santo pode explicá-lo. E enfatizemos novamente o que já foi enfatizado, a saber, que o nosso Senhor encarnado se submeteu distintamente a limitações humanas.

A paciência do nosso Senhor com a espera do Pai é verdadeiramente profunda. Em certos momentos, Deus Pai testemunhou sobre Seu Filho: "Este é o meu Filho amado, em quem me agrado; escutem o que ele diz!" (MATEUS 17:5); contudo, Deus nunca justificou o Seu Filho para o povo da Sua própria geração, pois fazê-lo não era o propósito do Pai. Em silêncio, Ele o deixou na cruz e à suprema sátira dos judeus; e o nosso Senhor também ficou em silêncio: "...ele não abriu a boca" (ISAÍAS 53:7).

Leia Marcos 15:29-32, em espírito de oração, e observe o que pode ser denominado o "Dilema do Gólgota", no qual as próprias palavras de Cristo foram transformadas em zombaria cruel e lançadas de volta em Seu rosto enquanto Ele estava na cruz. Para o nosso Senhor, o caminho da dor se transformou em caminho de escárnio. Os homens riam enquanto o coração de Deus se partia; e assim, enquanto mordazes calúnias se levantavam contra Deus e o Seu Cristo, o Pai esperava. Com pura paciência sobrenatural, saiu dos lábios do nosso Senhor a oração: "Pai, perdoa-lhes, porque não sabem o que fazem..." (LUCAS 23:34).

A paciência de Deus e a paciência do nosso Senhor estão preparando um grandioso evento divino e, como nos dias da Sua encarnação, o nosso Senhor sabe como todos os Seus santos precisam conhecer a disciplina da paciência até ele se cumprir.

"Existe um batismo pelo qual tenho de passar, e como me angustio até que o mesmo se cumpra!" (LUCAS 12:50).

Certo eternamente no cadafalso,
Errado eternamente no trono;
Mas aquele cadafalso balança o futuro,
E, por trás do escuro desconhecido,
Permanece Deus nas sombras,
Mantendo vigilância sobre os Seus.

JAMES RUSSELL LOWELL

A paciência dos santos

Irmãos, devemos sempre dar graças a Deus por vocês [...], por causa da perseverança e da fé que vocês demonstram em todas as perseguições e tribulações que estão suportando.
(2 TESSALONICENSES 1:3-4)

A vida de fé é a vida de uma alma que abandonou todas as outras possibilidades de vida, exceto a vida de fé. A fé não é um ato da mente, nem do coração, nem da vontade, nem do sentimento; ela é a centralização integral do homem ou da mulher em Deus.

Ao tratar da paciência dos santos, o tema se desdobra naturalmente na paciência da fé, na paciência da esperança e na paciência do amor.

A paciência da fé
Os heróis da fé catalogados em Hebreus 11 não eram pessoas que confiavam vagamente que, de algum modo, o bem seria o objetivo final do mal. Eles eram heróis que "morreram na fé" (v.13) — não a fé em um princípio, e sim a fé em quem havia prometido.

"Portanto, nós [...] que estamos rodeados de uma tão grande nuvem de testemunhas [...] corramos, com paciência, a carreira que nos está proposta..." (HEBREUS 12:1 ARC). Essa nuvem de testemunhas não é um nobre exército de poetas, sonhadores ou pensadores, mas um nobre exército "os quais, por meio da fé, conquistaram reinos, praticaram a justiça, obtiveram promessas, fecharam a boca de leões, extinguiram a violência do fogo, escaparam de ser mortos à espada, da fraqueza tiraram força, fizeram-se poderosos na guerra, puseram em fuga exércitos estrangeiros" (HEBREUS 11:33-34).

Esses atos poderosos não foram realizados por diplomacia, senão por fé em Deus, e somos instados a correr com paciência nesse mesmo caminho de fé, "olhando firmemente para [...] Jesus" (HEBREUS 12:2).

> *...a provação da fé que vocês têm produz perseverança. Ora, a perseverança deve ter ação completa, para que vocês sejam perfeitos e íntegros, sem que lhes falte nada.* (TIAGO 1:3-4)

> *Quando o Filho do Homem vier, será que ainda encontrará fé sobre a terra?* (LUCAS 18:8)

> *Aqui está a perseverança e a fidelidade dos santos.*
> (APOCALIPSE 13:10)

> *Aqui está a perseverança dos santos, os que guardam os mandamentos de Deus e a fé em Jesus.*
> (APOCALIPSE 14:12)

Certamente, essas passagens servem para indicar quão proeminente é o lugar desempenhado pela paciência no plano de Deus para os Seus santos. Elas trazem novamente à tona o que foi afirmado anteriormente: que a paciência é uma indicação de forte saúde espiritual, não de fraqueza.

A paciência da esperança

> *Na esperança fomos salvos [...] Mas, se esperamos o que não vemos, com paciência o aguardamos.*
> (ROMANOS 8:24-25)

> *Nos gloriamos na esperança da glória de Deus [...] sabendo que a tribulação produz a paciência; e a paciência, a experiência; e a experiência, a esperança. E a esperança não traz confusão...*
> (ROMANOS 5:2-5 ARC)

> *Irmãos, sejam pacientes até a vinda do Senhor [...]. Sejam também vocês pacientes e fortaleçam o seu coração...* (TIAGO 5:7-8)

Eu, João, que também sou vosso irmão e companheiro na aflição, e no Reino, e na paciência de Jesus Cristo... (APOCALIPSE 1:9 ARC)

A fé dos santos é, por assim dizer, um sexto sentido dado por Deus que se apega aos fatos espirituais que são revelados na Bíblia. A esperança do santo é a expectativa e a certeza da natureza humana transfiguradas pela fé.

A esperança não transfigurada pela fé morre. "Nós esperávamos que fosse ele quem havia de redimir Israel..." (LUCAS 24:21). A esperança sem fé se perde em vagas especulações. Porém, a esperança dos santos transfigurada pela fé não se desvanece — permanece "como quem vê aquele que é invisível" (HEBREUS 11:27).

Na disciplina da paciência, o santo adquire uma compreensão experimental da paciência de Deus e da paciência do nosso Senhor. O santo foi crucificado com Cristo e testemunha: "já não sou eu quem vive, mas Cristo vive em mim. E esse viver que agora tenho na carne, vivo pela fé no Filho de Deus..." (GÁLATAS 2:20).

O santo tem uma forte semelhança familiar com o seu Senhor, "[fraco] nele" (2 CORÍNTIOS 13:4). O santo pode, com uma alegre vivacidade, ser humilhado e esvaziado ou desprezado; ele pode também, com imaculada santidade, ser exaltado, cheio ou farto (VEJA FILIPENSES 4:12).

A esperança do santo dá o verdadeiro valor às coisas visíveis e temporais. De fato, a alegria real com as coisas visíveis e temporais só é possível ao santo porque ele as vê em sua verdadeira relação com Deus. O vazio doentio da mente mundana, que apreende as coisas visíveis e temporais como se fossem eternas, é desconhecido pelo santo.

A característica dos santos não é tanto a renúncia às coisas visíveis e temporais, e sim a perfeita certeza de que a eles pertence o uso correto deste mundo sob a perspectiva do outro mundo. "Por isso não desanimamos [...] na medida em que não olhamos para as coisas que se veem, mas para as que não se veem. Porque as coisas que se veem são temporais, mas as que não se veem são eternas" (2 CORÍNTIOS 4:16,18).

A paciência do amor

Agora, pois, permanecem a fé, a esperança e o amor, estes três; porém o maior deles é o amor.

(1 CORÍNTIOS 13:13)

Há uma única preferência soberana na Bíblia: o amor para com Deus. E, se o santo tem uma característica marcante, é amar com o amor divino. Esse amor não é um sentimento: é a atividade repleta de oração do relacionamento perfeitamente ajustado entre Deus e o santo: "...estando vocês enraizados e alicerçados em amor. Isto para que, com todos os santos, vocês possam compreender qual é a largura, o comprimento, a altura e a profundidade e conhecer o amor de Cristo, que excede todo entendimento, para que vocês fiquem cheios de toda a plenitude de Deus" (EFÉSIOS 3:17-19).

O amor na Bíblia é ímpar e o elemento humano é apenas um aspecto dele. Ele é um amor tão poderoso, tão absorvedor, tão intenso que toda a mente é emancipada e extasiada por Deus; todo o coração é transfigurado pela mesma devoção; toda a alma, em seus momentos de viver, trabalhar, caminhar e dormir, é habitada e cercada pelo restante desse amor. Às vezes, o santo voa como a águia, corre como o atleta exuberante, anda com Deus e não conhece o retroceder, não desmaia nem vacila na vastidão do caminho (VEJA MARCOS 12:29-31).

A paciência do amor se manifesta na vida verdadeira prática do santo; é um amor paciente e bondoso (1 CORÍNTIOS 13:4). O santo tem mais sede de ser amoroso do que de ser amado.

A paciência do amor não é a paciência do pessimismo, visto que essa não era a característica da paciência do nosso Senhor; também não é a paciência da exaustão, porque "...não desanimará, nem será esmagado..." (ISAÍAS 42:4). Certamente, é a paciência da alegria, que sabe que Deus reina, governa e se regozija, e que a Sua alegria é a nossa força.

Assim como a paciência do nosso Senhor, a paciência dos santos coloca a soberania de Deus acima de toda a carreira do santo. Devido ao amor de Deus ser derramado no nosso coração pelo Espírito Santo, nós escolhemos, por nosso livre-arbítrio, o que Deus predestina, visto que a mente de Deus, a mente do Espírito Santo e a mente do santo são mantidas unidas por uma singularidade de devoção pessoal apaixonada.

Trabalhem, pois o Dia está chegando,
Feito para os santos da luz!
Tiremos as vestes de lamento,
Coloquemos a armadura brilhante:
Em breve a luta terminará,
Logo todas as nossas labutas findarão;

Não vamos rumo à escuridão,
E sim em direção ao Dia.

Trabalhem, portanto; o Dia está chegando!
Agora não há tempo para suspirar!
Harpas para as mãos antes descaídas,
Coroas para a cabeça do vencedor,
Agora a Luz da manhã está irrompendo,
Logo o dia aparecerá;
As sombras da noite não mais assustam,
Jesus, o nosso Senhor, está próximo.

ANNIE L. COGHILL